卷首语

经济学的简单与复杂

陈　宪

和其他学科一样，经济学的原理是以简单的结构表达出来的。初学者和非经济学专业人士能够通过阅读或稍加解释即可理解。一般地说，越是结构简单的原理，其解释力就越强。美国著名经济学家N.曼昆的教科书《经济学原理》的第一章，就是“经济学十大原理”。这是一位大师对博大精深的经济学的精彩概括。例如，原理二：某种东西的成本是为了得到它而放弃的东西。这就告诉人们，因为资源是稀缺的、有限的，当我们把一种资源用于某种东西的生产，就意味着放弃了它的其他用途。就像我们将时间用于为《茶座》写稿，就放弃了和朋友喝茶聊天。为了得到某种东西而必须放弃的东西，就是所谓机会成本。喝茶聊天就成为为《茶座》写稿的机会成本。机会成本这一简单的概念对于资源配置有着极强的解释力。

也和其他学科一样，经济学的复杂，是指其研究过程，复杂是为了把研究做得规范。研究的首要，是能否提出有价值的科学问题，抑或提出假说。经济学也有天才，他们有着良好的直觉，能够提出好问题。当然，他们通常接受过良好的训练，有着足够的知识、经验积累。对大多数经济学人来说，不经过长期的观察、阅读和思考，即复杂的研究积累过程，是不可能提出好问题的。然后，我们要用各种工具、模型，并找到合理的解释变量和被解释变量，对问题和假说进行验证。验证过程往往是复杂的。惟此才能揭示发生了什么，发现了什么。这就是复杂的知识创造过程。就劳动的复杂程度而言，提出好问题，是更为复杂的劳动。

《茶座》的好稿子，都是用简单的经济学原理，分析、评说林林总总的、复杂的经济社会现象。这里，既要故事好，还要把故事说好；既要原理运用精准，还要分析得通俗易懂。这个活与做复杂的研究工作相比，很难说哪个简单，哪个复杂。不过，要把复杂的现象说简单，没有做过复杂的研究，看来不行。

经济学家茶座
（第29辑）

图书在版编目(CIP)数据
经济学家茶座．第29辑
金明善主编
济南:山东人民出版社,2007.7
ISBN 978-7-209-04269-7
Ⅰ.经… Ⅱ.金… Ⅲ.经济学-文集 Ⅳ.F0-53
中国版本图书馆CIP数据核字
(2007)第098528号

山东人民出版社出版发行
济南市胜利大街39号
邮编250001
http://www.sd-book.com.cn
编辑部电话:(0531)82098906
E-mail:chazuo4901@sohu.com
Blog:http://blog.sina.com.cn/teahouse82098906
发行部电话:(0531)82098027
邮购电话:(0531)82098021
山东新华印刷厂临沂厂印刷
2007年7月第1版
2007年7月第1次印刷
172×232毫米 16开
10印张 160千字
邮发代号 24-180
定价:14.00元

国家兴衰的“五个关键词”

程恩富*

最近,电视纪录片《大国崛起》和相关论著很受关注。“大国崛起”这个题目是应当研究,可以写的,但关键是做到完整准确。从目前的这个纪录片来看,有两点值得注意:其一,《大国崛起》中提到的9个大国,有些并不是“大国”,而是强国,所以,准确地说应该是“强国崛起”。其二,如果光谈崛起,还不能给人家一个完整的概念,这里面如何科学地归类以及展示它们整个崛起的客观历程、动因可能反映还不够全面,因而理应完整地描述强国兴衰或者国家兴衰,揭示其兴衰的多变原因。例如,同样是搞资本主义宪政,一个国家为什么先兴后又衰了? 如果不全面地勾画,那么从知识角度、传播角度来说可能就不够完整。它兴的原因是什么? 往往讲内因的时候,只讲自由、民主或者加上技术创新多一些,简单来说就是宪政制度和科学技术,这两条讲得比较多,最多再讲到文化、文艺复兴等。应全面分析强国的兴与衰,以及兴衰的外因和内因之间的互动,这样才比较完整。

当然,这样问题就复杂了,必须从诸多因素、诸多方面来观察。同一个制度,为什么靠这个制度兴,又会因这个制度衰呢? 如果仅仅讲它崛起,到崛起为止,对它如何衰的方面不谈的话,那么有关制度的真实分析就不够深度,不够辩证。其实我们也看到,目前世界上有些国家也是属于小而强的,比如说以色列。以色列很小,但是它几十年就变强了,什么原因? 这与他们有浓厚的社会主义理念有关,不管是不是正宗的马克思主义的社会主义,但至少是比较接近于马克思主义的社会主义。这个观念和发展观确实起了很大作用。还有,它至少也和推行比较标准的合作制这样一个经济制度密切相关,和它非常重视科技、重视人才、重视教育密切相关。当然它还有外部因素和美国的大力扶持等等。总之,以色列的崛起是值得研究的。另外,新加坡也是很值得研究的,一个城市国家为什么会兴起,而且它是长期一党执政。新加坡的兴起在观念和制度上还受到美国自由主义政治家和学者的猛烈批评,认为它是独裁,不民主。为什么这样一个国家和制度也会兴起,也会变成一个小而优的一个国家呢? 还有比较小的卢森堡、比利时,都是通过发展几个重要产业,在几个重要的产业和科技上领先,同时人文指数和人均收入也比较高,排在世界前列。这就是

* 作者系中国社会科学院马克思主义研究院研究员。

为何我关注的主题不是某几个大国的兴旺和崛起，而是国家兴衰。我们要找出一个国家兴衰的关键词或主要变量是什么。

在我看来，根据国家兴衰普遍的发展轨迹、机制、规律，至少要充分满足以下一个条件，或者说有一个条件非常领先，那它就有可能兴。诚然，在不同时代变量所处的地位是不一样的。有关国家兴衰的五个关键词或变量，就是科技、制度、文教、军事和外交。一是**科技**。究竟把科技还是军事列为首位？军事这一因素在古代和近代一定是第一位，即使二战以后仍然是非常重要的。但是从长期来看，尤其因为我这里要概括的一般变量，不仅要解释历史，而且还要揭示今后人类社会几百年，甚至更长时期的发展规律，所以军事就不放在第一位了。同时，我们中国也主张和平强盛的，如果把军事放在第一位，那意味着中国发展的第一位要放在军事上了。可见，尽管我们并不否认军事因素在历史上的重大或决定性作用，但是这个历史现象我们并不满意，它是人类进化和文明不够的一个结果。人类越是进步和文明，军事因素越是应退到后面，直至不成为国家和人类发展的一个因素。因此，作为社会进步和现代国家兴衰的首因还是科技，它不仅推动生产力，使经济社会发展，而且会影响军事变革、战争方式等等。二是**制度**。其中涵盖经济制度、政治制度、科技管理制度等正负效应。我们从中国和印度的发展比较可以清晰地看到，由于中国是共产党执政，实行社会主义制度，而印度由相当于国民党的国大党等执政几十年，实行以私有制为主体的资本主义制度，中印两个国家的发展绩效和强盛程度是反差明显的。另外，从战后日本和韩国的崛起，我们也可以看到“国家主导型市场经济体制”的重要作用。三是**文教**。它既可以包括思想、观念，即价值观，也可以包括文化产业、教育产业等。观念、思想肯定属于软实力或软功。文教产业至少部分属于软实力、软国力的范畴。这个变量的作用日趋明显。四是**军事**。近现代以来的强国兴旺，大都是军事因素名列前茅。在目前国际强权政治和“新帝国”存在的世界格局中，真正爱好和平的国家也不得不建立防御性的军事力量。五是**外交**。在中外历史上，政治、军事、经济和文化的对外交往和外交，也对国家兴衰起着十分重要的作用。在未来的国际社会中，这个因素的意义越来越大。比如，当前日本时常不承认二战的侵略行为，实际上就失去了有效的外交能力，它想要变成强国来发挥作用的意图就受阻，说明其外交协调上有问题，失去了外交优势，韩国等就不会支持它“入常”。又如，当前中国对内倡导构建社会主义和谐社会，对外倡导构建合乎国际经济政治新秩序的和谐地区、和谐世界，开展多边和全方位的和平外交，在有所作为中发挥积极作用，这将有利于我国的强盛。

经济决定论反思

高超群*

希腊的神谕告诫人:“认识你自己。”因为对于一个自由的城邦而言,没有什么比公民们对自己的了解更重要了。人们总是觉得很了解自己,但是最近150年来,我们这个民族曾经不断地追求、崇敬、膜拜过很多东西,有时候甚至是在很短的时间里从一个极端义无反顾地冲向另一个极端,这个事实说明我们其实并不是真的认识自己。在我们自以为自由行事的时候,或许我们只是在不经意间听从某些观念的摆布?而我们自以为醒悟的时候,只是在听从另一些观念的摆布?对于认识自己而言,就没有什么比认识支配我们的观念更重要的事情了。只有认识了那些统治着我们的观念,我们才能真正了解自己,然后才能从这种思想的专制中挺身而出,才能自由地运用自己的理性。

那么,什么样的观念统治着我们的生活,塑造着我们的人性呢?今天的中国究竟与以前有什么不同?是什么使我们变成了和我们祖先不同的人呢?

在我看来最根本的不同就在于经济决定论的出现,并对国家、社会和个人确立了其统治性的地位。①我所说的经济决定论是一种完全不同于老式的、与马克思主义有着关联的社会理论,它指的是这样一种观念:经济发展成为决定性的国家目标,成为政治生活和个人生活合法性的来源。换言之,经济发展是我们这个国家得以建立、运行的哲学基础,是创造并且论证我们的个人生活方式的哲学基础,它甚至给出了我们的生命意义。并且,它对我们实施了思想专制,让我们处于它所造就的新牢笼之中。今天,或许到了我们对它进行反思,并从中走出的时代了。因为,当我们发现有一种观念主

---

*作者系中国社会科学院经济研究所副研究员。

①其实很多敏锐的人已经做出了这样的判断,就我所知,如金观涛先生、秋风先生等。因此,这并不是本文的发明。

宰着我们的生活的时候，那也就是我们要对它保持警惕的时候了。它可能造就了我们的偏见，并且还会不断地鼓励和怂恿我们对它进行膜拜。

经济发展能够成为主宰一个像我们这样的民族的思想和心灵，实在是一件令人惊奇的事情。在古代世界里，历代圣君贤相致力于太平盛世的追求，他们积累了丰富的内圣外王、治国平天下的政治技艺，但他们从不认为经济发展是一个重要问题。经济的重要性的凸现根源于西方国家的挑战，1860年代以后，经济以富强的名目进入中国人的世界。但直到1980年代之前，经济仅仅只有在当中国与世界各国相抗衡的语境里才有意义，单独它本身并没有什么正当性，顶多是使我们原有的政治技艺更加丰富而已。也就是说，它一直在中国人的心灵世界之外徘徊。中国人从来也不认为发展经济、追求物质享受是人的权利，有其自然的正当性。这种市民社会的意识形态从未在中国占据主导地位。这并不是说人们不向往过上更舒适的日子，只是人们认为它并不那么重要，也不是那么令人满足。在中国人追求的未来国家中，发达、活跃的经济生活，丰富的物质享受绝不是最重要的事情。

实际上在20世纪80年代，经济决定论也还未充分显形，更不用说占据统治地位了。道德理想国虽然已经崩溃，但统治阶级和人民的联系却得到了加强，统治阶层在"文革"中短暂的民间生活，使他们更容易理解和呼应民众的需要。统治阶层还在努力领导着国家，要把整个民族带入一个新国家，改革就是改进自己的统治。引领着80年代的是希望，是河的对岸，经济只是我们过河的手段。然而1980年代末，人民和政府都开始退缩。从此，统治阶层的精神风貌发生了巨大变化，那个时代的领导人再也不可能在党内或者官僚队伍中出现，因为已经没有那样的土壤。不管因为什么，总之，政府开始退出人民的私人生活。官员们开始把利益放在第一位，他们倾向于让人们决定自己生活的样式和内容，而不再从道德上指导人民。他们这样做得到了认可和鼓励。改革成为利益分配，至少官员们是这样理解和执行的。人民默默地转身回到了自己的生活，他们知道自己和国家的血脉已经分离，国家是遥远的，与"我们"关系不大，他们甚至认为自己已经为国家努力过了，剩下的时间应该为自己打算。

"蒹葭苍苍，白露为霜。所谓伊人，在水一方。溯洄从之，道阻且长。溯游从之，宛在水中央。"伊人倒下了，只剩下我们在冰冷的河水中无所适从。

动荡、残酷的政治生活使人们厌

烦，乃至幻灭。他们迫不及待地回到个人世界。在这种生活中，他们感受到了前所未有的真实，于是陶醉于其中。他们甚至体会到了某种轻松，并把这种轻松当做自由。经济决定论安抚了受到挫伤的人民，开始的时候它只是生活的充填物，日子久了，人们开始相信水中的生活才是正当的、正常的。在活跃的经济中，人们是如此沉迷，他们已经完全忘记了80年代的人和事，更不用说再早的祖先的历史了。正是在这样的历史背景下，经济决定论登场并成为主角。

不过，经济决定论的出场并没有坚实的基础，因为这种从本质上而言属于中等阶级的意识形态背后并没有真的站立着一个强大的中等阶级。它并不是一场社会革命的结果，也不是经济权利或者政治权利转移的结果。历史地来看，它只是人民和政府暂时联盟的结果。其根源是失望、冷漠或者苟且，而不是自满的、得意洋洋的市民精神。因此，整个法律体系和风俗并不支持它。

经济决定论的历史命运似乎有些类似于1895年后出现的社会进化论。在帝国的道德哲学和政治哲学发生危机的时候，社会进化论应运而生，为士大夫提供了一种新的、更真实的认识世界的观念，但它的褊狭最终使它无法成就一个新的国家。就中国与世界的关系而言，它所提供的仅仅是一个造反的奴隶的意识，通过它，我们可以确认自己的屈从的地位，并从这里出发开始反抗，反抗的方式当然只有模仿主人。社会进化论是一个工具或者桥梁，通过它，中国人与世界消除了沟通的障碍，产生了互动。虽然强烈地意识到自己身处边缘，但我们毕竟终于与世界发生了关系，有了自己的位置，不必再忍受孤独。有了这个扎实的基点，我们才拥有了建立新国家的虽然卑微但在当时人看来真实的起点。

应该指出，经济决定论是决定论，它与经济至上论不同。这意味着它不仅仅认为经济是最重要的事务，或者说是目前最重要的事务，而是说经济决定着其他一切，经济可以取代其他一切。

因为是决定论，所以必然是排他的。和其他任何决定论一样，经济决定论认为自己抓住了根本性问题的关键，而这个关键决定着所有其他问题的样貌和解决办法，解决这个问题就会解决所有其他问题。它拒绝承认有与经济同样重要的问题，也拒绝承认有发展经济解决不了的问题。同样，它也认为所有的人在这一点都是一样的，这是正常的、自然的、本真的人性。如果有人有着不一样的看法，那一定是受到了错误观念的诱引和欺骗，在他的成长历程中一定有着某些非同寻常的东西。总之,某些东西使他偏离了正常的、清明的人性,而且这些错误观念是可以用理性来驱除的。

这种经济决定论往往还具有一种表面上的多元主义倾向，它似乎乐于承认人的各种不同看法都具有合理性,只要这种看法是出自利益分歧的。因为,就像理解自己一样,它也能理解别人的利益要求。即便在利益发生冲突的情况下，它也首先倾向于协商以求得互利。因为在经济决定论看来,没有绝对冲突的利益，所有人的利益都会通过某种安排得到满足。如果这种不同看法是没有利益诉求的，那它顶多具有审美的意义。因此,它所尊重的是不同的利益,而不是利益的主体;它要消灭的不是分歧，它所要求的也并非一律。

作为国家哲学，经济决定论意味着这样的一种主张：国家之间的竞争就其本质而言是经济竞争，而自由竞争的法则将保证经济上的成功者成为最终的胜利者。在与民族主义成功结盟之前，它实际上奉行着这样的一种世界观:繁荣是所有国家的愿望,国家之间的和平、合作将保障合作者共同走向繁荣。而那些不信奉这种哲学的国家,迟早也会走上这条道路。

由于它倾向于认为所有的国际冲突背后的根本因素就是经济利益的冲突,因此,它对于那些政治的、权力的冲突视而不见、无法理解,与那些坚持某种政治理念或者民族情感的国际力量很难对话、沟通。它逐渐谙熟了国家间的经济交往，对于国家的政治关系的构建却束手无策，对于文明之间的关系更加毫无意识。除了经济利益,它不能形成自己的权力主张。

因此，和平是经济决定论的外交哲学中的核心观念——如果不说是最高要求的话。这种观念认为和平是国际关系的自然的、正常的状态,所有破坏和平的力量都只是非正常的、偶然的、短暂的。

对于每一个个人来说，发财致富就是他最重要的事情，发财致富也是他摆脱人生困境的唯一出路。他据此来形成自己的关系网。他凭借关于利益的常识来判断和认识世界，来组织自己的世界。在想象中,他自己居于这个网的中心,并且统治着这个网。他也据此来决定自己与公共生活的关系。经济决定论牢牢地把每个人封锁在个人事务的牢笼中,限制他的眼界,闭塞他的心智。当他的个人世界受到侵犯的时候，他开始动用自己的网络来化解危机，他不能从每次危机中感觉到更普遍的问题，每个人受到的侵犯都被理解为是个别的，每次侵犯都是例外的。在经济决定论的世界里每个人都是一个土围子,都如同一只蜘蛛。网外的生活,使他感到茫然、畏惧。因此,

就其根本来说，它也意味着陌生人都是不可相信的，如果这个陌生人不能被编制在自己的网络中的话。

而且由于原子化的分散，虽然人民中不乏卓越之士，这些人有着非同寻常的雄心壮志，也有着过人的才能、坚毅的性格，但他们却发现自己是无力的。在强大的国家、复杂的经济社会面前，个人是那么渺小，而联合起来却又毫无可能。最重要的是，精彩的经济生活也可以使他们的才能得到发挥，他们也可以让每个年轻人崇拜自己，甚至让世界尊重自己。从根本上来说，由于每个人都陶醉在自己的生活里，谁还有功夫抬头看看公共生活呢。

经济决定论排他的手段并不是强制的、暴力的，而是一种更加聪敏和有效的办法。在经济决定论的统治下，任何其他的主张都必须换算为经济利益才是真实的、深刻的，才是可以理解和沟通的。因为有着广泛的、自发信仰的基础，经济决定论者可以非常顺利地实现这一点。在经济决定论眼中，任何严肃的政治冲突，都具有喜剧的一面，都具有强烈的表演的成分，在其背后都必然有着利益动机。而且，如同它改造民众的生活一样，它也会改造和构建我们时代的政治行为，所有的政治参与者要么主动地将政治表演化，要么被动地成为政治笑料。所有试图超越经济利益的言论和行为除非具有娱乐或者表演的效果，否则都是虚伪的。他们用嘲笑就可以轻易地化解任何挑战，就连严肃本身都变得非常可笑了。只有站在自己的利益这个基础上，政治才可能是严肃的、真诚的。

必须强调的是，经济决定论是处身于一个官民分立的社会，因此，它不可能是一种霸道的、强势的哲学，它必须保证自己不动摇官民分立的社会结构。官民虽然有着同样的信仰，但民并不是出自对官的模仿，也不是因为官的教育。因此，二者之间在经济决定论面前是平等的。

有时候，经济决定论也试图衍生出一套更加完整的社会组织理论，打通官与民之间的鸿沟，让国家建立在每个人的心中。它以人的自利性为根基，认为随着经济的发展，人们会越来越理性，社会也会自动越来越公平，政府和民众之间也会建立一种和谐的关系。它还相信自由的市场是经济发展的最好方法，因此，它往往暗含着人人在市场面前一律平等的含义。它甚至暗暗期许经济发展会解决政体的问题，终于有一天会波澜不惊地建立民主制度，至少是法治国家。因为在它看来，人们都只是在关心自己的经济利益方面才会是真正当真的，而经济的发展总是会满足人们的这种追求。因此，各种冲突都只是发展的长期效益或者短期效益的冲突，或者只是经济发展的成果的分配问题，而这一切都是发展可以最终解决的。它满怀信心地要求那些短期效益服从它所认为的长期效益，要求局部的利益满足全局的利益，要求利益受损的人少安毋躁。在内心，它坚信，经济发展的好处迟早会落到每个人头上的，虽然有多有少，有快有慢。

当然，对于经济决定论所提供的遥远的美好结果，整个社会其实都不太当真。人们懒得去思考那么长久以后的事情。这一代人已经不再为自己的子孙着想，如同他们不愿意想起自己的祖先一样。不太当真的另一个原因是，在经济决定论看来，经济增长似乎是一个可以永远依靠的事情，任何为经济衰退的着想都是别有用心或者杞人忧天。它从来也不愿意相信一个政治体有可能要面对经济波动的严峻挑战。它常常认为，当经济发展达到某种程度的时候，一切其他的问题都会自然而然地已经解决了。它以这种口实把其他的问题无限期地推延。我们不得不指出，这是一种强大的惰性，哪怕政治问题已经逼到了眼前，它也缺乏足够的敏锐去辨识它，也就没有能力面对它、解决它。经济决定论也堵塞了精英阶层的耳目，使他们只能看到眼前，只能处理临时事务，作为一个大国的精英阶层所必须具备的深谋远虑的品质在我们的整个精英阶层却极为罕见，它宁可把自己的统治建立在好运之上。

在结束本文以前，有必要提醒读者，我并不认为对于我们民族而言，在今天，经济发展是一个可以忽视的目标。我也不认为，对个人而言，致力于发财致富是一件丢脸的事情。但是，如果我们认为经济发展可以解决一切问题，或者说我们生命的全部意义都在于发财致富，那么恐怕这种幻想不是那么牢靠，或许它会成为经济发展的致命杀手。我也相信政治问题并不能解决经济问题，正如经济问题并不能解决政治问题一样。在今天，经济决定论的最大的危害莫过于它的膨胀，一切其他的主张都失去了成长的空间。它吞噬了它最初的主人，自己成为主人，它排斥而不是鼓励个人的独立、社会的发达和国家的繁荣。

中国经济不只是“二元”，而是拧了麻花

刘福寿 *

协调城乡发展，建设社会主义新农村，可以说是新发展观的第一大课题，也是第一大难题。近年来，中央制定了多项哺农惠农政策，加大了公共财政和投资向农业的倾斜，对农业生产、农村教育、农村医疗、农村文化以及涉农工业都给予了直接的资金支持，而且支持力度越来越大。但是，效果如何呢？我把近年来城乡居民收入的情况收集整理如下表：

2002~2006 年城乡居民收入的情况比较表

年份	农村居民人均纯收入(元)	城镇居民人均可支配收入(元)	农村居民人均纯收入/城镇居民人均可支配收入
2002	2476	7703	32.1%
2003	2622	8472	30.9%
2004	2936	9422	31.2%
2005	3255	10493	31.0%
2006	3587	11759	30.5%

上表说明，这几年城乡居民的收入差距还是在拉大，看不出有扭转的迹象。改革开放近 30 年了，“一号文件”连连发，“增收减负”年年喊，可是在收入差距上至今不见改善，真可谓“三农”之难，难于蜀道！

究其原因，人们往往归罪于历史。历史无言。可是我总觉得我们应该检讨一下自己，我们对这个问题的认识是不是已经凿入本质？解决问题的办法是不是牵住了“牛鼻子”？

在观察发展中国家的经济结构时，人们普遍使用了刘易斯的“二元经济模型”。“二元经济模型”产生于 20 世纪 50 年代，距今已有半个多世纪了。今天我们

---

* 作者系河北经贸大学经济学教授。

的经济现实要比二元经济理论复杂得多。比如说，"传统部门"和"现代部门"的关系越来越密切了，"传统部门"技术不变、边际生产率为零、剩余劳动无限供给、工资固定于一个很低的水平

收入差距　（范建平　绘）

等"假定"已基本上不适用了。但是，像"现代部门"非熟练工人工资决定的"外生性"问题还是存在的，今天大量农民工的工资不是由"现代部门"本身决定，而是在很大程度上受农民收入水平的影响，这就是农民工工资低的根本原因。另外，目前有些情况比刘易斯当时的估计还要严重。比如说，两个部门的收入差距，刘易斯"假定"为1/3，而我们今天的实际差距竟有3倍之遥。

问题的严重性还不止于此。农民所面临的绝对劣势地位，不只是收入差距过大，而是一个满拧的"二元一元麻花"。

所谓"二元一元麻花"，是指一种极不合理的利益－市场－保障结构：在农业产业比较利益低、农民工又受歧视的条件下，农民的收入水平只及城镇居民的30%左右，构成一个明显的"收入二元结构"；但农民却与城镇居民进入同一个市场，不用说在消费品市场上他们"享受"着同样的价格，就是连城镇居民都感到压力很大的医疗市场、教育市场的价格，也不曾对农民有一分钱的优惠，因此，市场是"一元"的；而在社会保障方面，情况却又来了一个反转的"二元"，即城镇居民享受着养老、失业、医疗、最低生活费等多项保障，农民却没有任何保障。于是，二元（利益）－一元（市场）－"倒二元"（保障），拧了"麻花"，一个令农民感到苦涩的"麻花"。

这个"麻花"的关键不在中间，而在两头。市场一元化是市场经济的客观要求，市场上只有"两个人"：供给者（厂商）和需求者（消费者），不问出身。所以，要"吃掉"这个"麻花"不能指望市场，关键是解决利益的二元化和保障的"倒二元化"问题。

要解决两个"二元化"问题，具体的措施已有不少。诸如：免征农业税，粮食生产直补，普及电力、信息网络，补贴农业生产资料工业，全面推行九年义务教育，建

立农村新型合作医疗，加大对贫困大学生的资助力度，扩大农村低保范围等等。这些措施会很有效。但是我觉得，现在亟需解决的倒是观念问题。所以我想提出两个问题进行讨论。

一是解决“三农”问题要“以政府为主、市场为辅”。“马太效应”是市场规律的一个重要表现，市场的效率原则决定了财富和贫困将向两极积累。强势者积累更多的财富，弱势者则是积累贫困。钱越多就越能挣到更多的钱，越没钱就越挣不到钱。农产品的提供者是分散的、细小的、无组织、无谈判能力的农民，农产品市场近乎一个完全竞争市场。而非农产品市场却往往是垄断的，包括权力垄断、资源垄断、规模垄断(细小资本无法进入)、技术垄断、人力资源垄断(如工会)等。因此，农民是市场上的弱势群体，他们讨不到便宜，如果完全靠市场，他们的贫穷地位不可能改变。所以，古今中外的政府都把保护农业当做自己的重要职责。古代中国的政府是不大研究经济的，但是“抑商”却是一项长期的、传统的政策。“抑商”的本质是通过调控粮价、防止农村高利贷等措施保护农业。人们过多地注意到了“抑商”对中国工商业、特别是资本主义发展的负面影响，忽视了它的积极作用，这是不公正的。发达国家是自由贸易理论的鼻祖，自由主义被他们吹得天花乱坠，如今更成了他们打击发展中国家的大棒。但他们对农业的保护力度之大、范围之广、措施之多、时间之长，往往出乎我们的想象。至今，WTO 中的谈判最难的是农业方面的谈判，摩擦最多的也在农业方面。前不久，日本新首相安倍晋三访美，在与布什的谈判中，在国际问题上都取得了一致，唯有在农业方面存在分歧。由此可见发达国家对本国农业的支持力度有多大！我们反而不行，按照联合国粮农组织的指标体系(对农业的国内综合支持量，AMS)测度，我们是“负保护”。我们对农业生产、农产品流通、农业科研和技术推广、农业方面的教育、农村资金外流、人才外流等，在没有采取强力保护措施的条件下，就把它们推向了市场。一个流行的说法是，发达国家是用大于 80%非农的人口保护小于 20%的农业人口，而我们现在要 20%的非农人口去保护 80%的农业人口(如今大概是 40%与 60%之比)。因此保护不起。这是一个似是而非的说法。因为任何国家的经济腾飞都是从大农业起步的，发达国家走向了工农(或城乡)“一体化”的今天，其经验就是在国家的强力保护下，提高农民收入和受教育水平，然后向非农业转移，最终使农业与工业一起走向现代化，从而摆脱了二元困境。刘易斯二元经济模型受到批判的根本原因，在于它没有道出在政府的保护下使农业与工一起走向现代化的“真经”，而是仅仅把工业化看做是在放任的条件下由工业“吃掉”农业的过程。当然，作为人口大国和人均耕地资源小国，我们不可能像发达国家走得那么容易，困难会比别人大得多，但越是这样，我们的措施就应该更加得力。否则，“二元结构”就成了永远跳不出的陷阱，农业就真的成为“口号农业”、“文件农业”了。在我们已经有了较强的经济实力的今天，政府已经有能力充分调动产业政策、财政政策、金融政策、分配政策、教育政策、科技政策以及立法等方面的支农护农作用，让农民的收入增长在一段较长的时间内稳定地高于城镇居民收入的增长幅度，同时使农民的保障水平不断提高。新发展观的确立，以及建设社会主义新农村、走新型工业化道路等理论的提出，说明从学界到政府都注意到了“城市本位”的危害性，政府已经担起了支农护农责任。但从运行的结果看，药力还不够“猛”，还不足以扭转农民收入的增长幅度远低于城镇居民的沉疴。新农村建设美好目标的实现，关键是各级政府要真正认识到支农护农是自己所面临的最重要、也最沉重的担子，因而痛下决心，勇敢地挑起这副担子，走下去，直至最终吃掉“二元一元麻花”。

二是解决“剪刀差”问题。这是一个颇具争论而且十分敏感的话题。到底有没有“剪刀差”，“剪刀差”到底有多大？人们众说纷纭。改革开放初期，人们普遍承认计划体制下有较严重的“剪刀差”问题，它是国家为工业化聚敛资金的一个最重要的手段，其力度远大于农业税。有人估计，新中国成立后的50年内，农民对工业化的贡献达万亿元，其中税收不足4000亿元，而其他6000多亿元则是“剪刀差”的功劳。但市场经济以来，价格的形成机制已由计划化变为市场化，“剪刀差”好像也就自然消除了。我看事情并非如此。过去由权力垄断造成的不合理比价问题是解决了，但其他形式的垄断依然严重的存在着。一边是完全竞争的农产品市场，一边是垄断多多的非农产品市场，这种市场态势造成比价扭曲是不奇怪的，“剪刀差”的存在有着必然性。我们常说国际市场上，初级产品价格过低、技术产品价格过高，是不合理的经济秩序。这种观点不是也可以用来反观国内吗？人们总是说，我国的粮食和其他一些农产品的价格已不低于国际市场，已没有上调的余地。但是人们的直观感觉是，在美、欧、日、韩等国市场上，农产品（特别是蔬菜和水果）的销售价格都几倍于我们（参见拙作《关于“红薯换汽车”的联想》，载于《经济学家茶座》总第13期）。他们为什么能够保持农产品的高价位呢？不管学术上承认不承认“剪刀差”的存在，但生活经验告诉我们，我国的农产品太便宜了，实际上是农产品与非农产品的“剪刀差”在扩大。这个问题的实质是在我们的头脑里把粮食价格“政治化”了，形成了一个思维定式：稳定农产品价格就是稳定社会，就是提高居民的富裕程度（即降低“恩格尔系数”）。

最近,人们对今年经济过热、通货膨胀的预期多了一些担忧,于是老调又开始重弹:要防止通货膨胀,首先是稳住粮价。

但这里就有三个问题。一是这种“稳定粮价”,以及靠这种“稳定”来降低恩格尔系数、“提高”国民的富裕程度,是以牺牲农民利益为代价的,同样也潜伏着危机。如果城乡收入差距继续拉大,那么和谐社会、社会主义新农村的建设目标如何实现呢?二是稳定总是相对的,波动却是绝对的。即使粮价被“稳”住了,一些关乎国计民生的重要价格也未必能稳住。有人总结2005年上半年四大经济“晴雨表”跌宕起伏的趋势是:“房价高企不下,粮价震荡下跌,股价持续走熊,油价高歌猛进。”(新华网北京2005年7月14日电,记者陈芳、宋振远)这“三高一低”局面表明,价格波动总是不利于农民的。经常有报道说,农民从政府手里得到的好处,一转手就通过生产资料涨价被工业部门拿走了,农民只是“过路财神”。难道我们就只能用对不起农民的办法来“稳定”农产品价格,而没有办法来稳定其他价格了吗?在粮食生产几乎没有利润的同时,房地产业、金融业、石油天然气、电力、电信、医疗等部门却有那么大的利润空间,为什么不下大力调控高利润部门的价格,却紧紧盯住无利可图的粮食价格呢?这不令农民心寒么?三是价格是一个“四两拨千斤”的杠杆。2006年,国家免税将使农民减负近千亿元,应该说这是一个不小的数字,但它只相当于每斤粮食涨一角钱。如果我们做到农产品价格稳中有升,哪怕幅度不大,农民得到的好处也不只是几十亿、几百亿、上千亿。所以,政府采取有力措施,缩小“剪刀差”,是一个既可缓解财政压力、又使农民收入有较大提高的两全之策。由于农产品价格上涨而引发工业品价格轮番上涨的风险确实存在,但也应该有化解之术。

“三农”问题积累太深,解决起来确实不是一件容易的事,需要全方位、多渠道、分层次、有步骤、长时间的政策支持与决策韧力。当务之急是扭转城乡收入差距继续扩大的趋势。但愿本文提出的两点想法能引起人们做一点新的思考。

政府何以会“失效”?

赵 刚*

报纸上的一则新闻叫人读来很有滋味:

> 一个占地530亩,包括6幢崭新的大楼,1个巨大的气势恢弘的半球形会议中心,有数百亩绿地,园林、假山、喷泉环绕其中,波光粼粼的湖面上,数只非洲鹅、鸳鸯鸭悠闲地游弋,充满诗情画意的区域,成为当地百姓街谈巷议的话题。它既不是风光旖旎的水乡园林,也不是供游人观赏的都市公园,而是刚从“要饭财政”过渡到“吃饭财政”,年财政收入只有两亿元的河南省郑州市惠济区办公新址。

这件事与政府部门行政管理有关。对这件事,从是否合理有效地利用了公共资源角度,我们完全有理由进行批评与谴责。但如果只将批评的重点停留在对某些官员贪图奢侈、搞所谓个人政绩的“面子工程”这样的层面上,恐怕失之于肤浅,如果对此进行深层次的思考,或许对我们今后的公共行政更有益处。

从理论上说,加强城市建设规划的管理,使之更加科学合理,资源配置更能体现效率的原则,政府自然责无旁贷。否则,就应该追究作为公共信托人——政府“失效”的责任。

上述两则新闻,都表明了在目前的一些地方和部门“政府失效”现象不仅存在,而且相当严重。

在公共行政学理论中“政府失效”主要表现在:(一)政府成本过高;(二)政府的低效率;(三)资源配置的低效率;(四)寻租;(五)造成另一种不公平。毋庸讳言,随着市场经济的逐步建立和中国经济的高速增长,既得利益集团的实力也不断增强,而弱势群体却不断被边缘化。贫富之间的差距,官民之间的对立进一步加大与加深,社会矛盾也愈来愈尖锐,这使得经济体制和政治体制改革举步维艰。建立和谐社会,寻求社会公正,促进共同富

* 作者系中国国旅集团有限公司运营部经理。

裕也就成为了广大人民群众的愿望。随着经济基础的变化，全社会范围内的政治、经济、社会、价值观念等方面也发生了巨大的改变，而政府职能的急剧膨胀，政府结构趋于臃肿和低效率，经济秩序的混乱以及权力腐败的示范效应，更加深了人们对社会潜规则的认同，从不同侧面促使人们丧失了对人类原有的终极信仰，进而转变为对财富的疯狂追求和对物质的享受与贪欲，导致了道德的沦丧，诚信的背叛，欺诈和谎言的盛行。所有这一切，一方面造成现代人内在的空虚感，使得社会更加功利化、世俗化；另一方面造成社会行为规范体系更加混乱，原有的价值规范不断丧失权威，而新的价值规范迟迟未能形成。在这样恶性循环的漩涡中，不能不造成现代人的无所适从以及行为的破坏性。

在传统的公共行政学理论中是把效率和经济作为公共行政的两个基本原则。所谓效率是指利用有限的资源提供更多更好的服务；所谓经济是指花费更少的资金保持和提高服务水平。这些原则现在仍为不少政府官员所奉行。然而20世纪60至70年代所兴起的新公共行政学理论，则把视野投向更加广泛的方面。以美国堪萨斯大学教授H. 乔治·弗雷德里克森(H. George Frederickson)为代表的新公共行政学派则明确提出，经济和效率虽然是公共行政的价值和追求的目标之一，但决不是其核心价值，更不是终极的价值准则，提出要以社会性效率来取代经济性效率，提倡要扬弃政治与行政的二分。最核心的价值理念就是对社会公平价值观的提倡，认为公共行政的核心价值在于社会公平，在于促进公民社会所拥有的、以社会公平为核心的基本价值。

弗雷德里克森在其代表作《新公共行政学》一书中明确指出：公平意味着人与人之间的一种公正、正当和公道的精神或习性，它与自然权利或正义同义。社会公平包含着对包括对组织设计和管理形态在内的一系列价值取向的选择；社会公平强调政府提供服务的平等性；公共管理者在决策和组织推行过程中的责任和义务。总之，倡导公共行政的社会公平是要推动政治权力以及经济福利转向社会中那些缺乏政治、经济资源支持，处于劣势地位的人们。

不难看出，弗雷德里克森在这里首先强调了公民的自然权利必须得到尊重，这是社会正义的体现；其次，政府对于社会和公众的服务不是恩赐，而是一种应该和必须做的事情，是政府的义务和责任，同时这种服务是平等的，是从尊重人、关怀人的角度出发，而不是一种高高在上的权力强制性地实施；最后，公共行政所倡导的社会公平就是保护社会上的弱势群体。这其中就隐含着这样一种人文思想：尽管人的理性是社会发展的唯一希望，为了社会秩序需要建立国家来管理公共事务，但任何人，包括国家都会犯错。这是因为一个人不会由于拥有部长、总理甚至国家元首的头衔，人性就会发生根本的改变。同样，也没有理由认为，一个人一旦站在选票箱前，他的行为就会与在自由市场上站在摊贩面前有什么本质区别，在可能的情况下，人总会将票投向那些能够给自己带来更多利益的政治家。

其实，政府只是一个理性和抽象的概念，它最终是由人组成，因此它也会追求自身利益最大化。因此，为了确保任何个人、集团不得强行控制他人，就必须创造一个能贯彻主权在民并具有制约政府权力的制衡机制，以保证国家不能操纵社会。这些是民主政治和公民自由的基本思想。

是不是有了民主政治制度和公民的自由权利就一定能够给全民带来良好的公共服务呢？对于此，可以说是仁者见仁，智者见智。但有一点可以肯定，要求政府关注民生，保障公民切身利益的公共服务的提供，是离不开政府对于利益集团强制力的约束的。

实际上，在社会日常的生活中，公共服务对普通民众尤其重要。暂且不论那些关系民计生存的住房、看病、养老、子女教育等社会福利制度，单以普通人上下班乘车这类薄物细故的事情来说，就不难看出问题的端倪。作为城市的公共交通系统，应该说是最受民众青睐的，提供完备快捷、舒适方便的公共交通网络是每个市政府必做的功课之一。但是这个问题，在国内众多大城市中迟迟未能解决，问题何在呢？说到底，对于到底交通干线的路权是以"公交优先"，还是照顾"有车一族"（包括使用公车的领导），一直是困扰政府的两难问题。如果坚持"公交优先"，势必影响某些利益集团的利益；但如果听任利益集团的制约，自然无法向社会提供良好的公众服务。而利益集团也总会以各种冠冕堂皇的理由来说服政府，诸如："保障汽车工业的快速发展"、"缓解城市就业压力"、"拉动本地区 GDP 增长"、"保证各级领导办事效率"等等，如果政府受到利益集团强制力的约束，就会舍本趋末，将"公交优先"的公共政策束之高阁，至多唱唱高调而已。可惜的是，目前有相当的地方政府是处于资本和权力的漩涡中心，欲自清而难有作为。

随着中国工业化和城镇化进程的加快，中国农村人口比例逐年下降，全国耕地面积也由于工业化和城镇化而逐年流失（已经高达 1500 万公顷），超过 1 亿人口的农村剩余劳动力流向城镇寻找就业，成为"农民工"。此外，住

房制度、用工制度、医疗制度的改革，对中国每一个城镇家庭都产生了巨大的影响，绝大部分城市普通居民都受到这三项改革的冲击和压力，不得不把收入尽可能节约下来，以应付高额的医疗开支、购房支出和可能的失业，然而这三项改革对政府中的公职人员却影响不大。对他们而言，原有制度下传统的福利措施对他们依然有效，而且行政级别越高，免费的公费医疗待遇越高，免费住宅越豪华，甚至可以获得多套住宅。尽管政府机关冗员严重，但却在各种名义下，让机构和编制不断膨胀，造成财政支付不断加大，每年的公车费用支出和公款吃喝费用高达近万亿元，作为公共资源的医疗费用的80%则为850万干部所享受。

只要稍加留意报刊杂志刊登的负面新闻，就不难看出一些地方政府实际已经成为新富阶层、新兴企业和利益集团的代言人，成为“逐利型政府”，继续剥夺农村和地方的天然资源，继续过度开发并继续造成环境污染，继续造成“另外一种不公平”。在一个民主和法制健全的社会中，选民和纳税人是不会允许政府搞什么“执政失误，全民买单”、“执政无能，全民受害”这类行为，但目前在一些地方，这样糟蹋浪费社会资源而政府失效的事反而司空见惯，见怪不怪了。

在一个缺少公共服务的社会里，人们顶礼膜拜的是金钱，被奉若神明的是能够带来特权的权力。因为以上这些于普通民众很重要的公共服务，对富人和权势者来说，其生活水准早已超越了这种服务水平，享受高品质的社会化服务也根本不存在能否承受的问题。于是，对普通民众来说，对公共服务的渴望就转化为对金钱的渴望和权力的追求，有了钱和权就能享受到无所不及的服务。

而在一个不断提供公共服务，关注民生建设的社会里，人们尊崇的是法律与制度。因为民主制度不仅是以民选制度为特征，而且是以踏实的社会公共服务制度建设为基础。缺少了关注民生建设的公共服务，政府就失去了民众的信任，也就丢掉了民众的选票。

吃饭与住房并非生死冤家

徐昌生*

房价只升不降,原因众说纷纭。但不管怎么说,扩大土地供应多建住房,总归有利于平抑房价。问题是大多数人有一个弯绕不过去,那就是土地不是大米,不能今年用了明年再生,无限制增加土地供应势必会对吃饭产生威胁。千事万事,吃饭大事,在大部分老百姓心中,吃饭问题应该比住房问题更重要,所以,土地不应该像普通商品一样由市场供应,而应该由政府按照计划来出售。

正是在保护土地的旗帜下,政府垄断土地一级市场的行为越来越强,而且政府的这种行为往往占有道义上的优势,那就是一般人都认为,只有通过政府的计划才能珍惜和合理地使用每一寸土地;而呼吁政府增加土地供应的人,往往容易招致百姓的指责,仿佛出这样的主意的人居心叵测,有故意饿死大家的嫌疑。

吃饭与住房问题孰轻孰重?如果我们用一种非此即彼有你无我的观点来看待两者之间的矛盾,那么,吃饭永远是重要的。因为人若没有饭吃,便失去了生存的基础,住再好的房子也没有意义。倘使这个结论可以成立的话,我们现在就应该停止一切占用农地建造房屋的活动,不管是这房子是用来办工厂,还是用来给人住。

但是,经济学不这样看问题,经济学在判断土地是该用来种粮还是用来盖房时,是看社会更需要哪一样。目前,在中国是更需要粮食还是更需要房子?从经济学的角度很容易得出结论,那就是更需要房子。因为,近几年来,粮食的价格一直相对稳定,也就是说粮食这几年来供应充足,而房价却是连续几年不断攀升,这说明中国的房子供不应求。也就是说在现阶段,我们应该拿出一部分土地出来用以盖房而不是全部用来种粮。

其实,政府也明白这个道理,所以,虽然说要严格保护土地,虽然说要守住18亿亩耕地的底线,但是每年还是要放一些土地出来搞住房或者工业建设,甚至中央领导也提出要增加土地供应。问题是,每年应该放多少出来才合适?依照政府的计划,明摆着年年不够用;依照市场需求,有人又担心今后还要不要吃饭?

---

* 作者系江西博能实业集团副总裁。

依照市场的需求来供应土地，是不是全中国的土地都会用来盖房子？是不是真的将会导致中国人没有饭吃？难道市场只会对房子的稀缺性做出反应，令大家都来拼命卖地而建房，市场却对土地的稀缺性无动于衷，不会让大家适当地保护土地？从中国目前的实践来看，凡是实行了市场放开的，不仅能够做到供应充足，而且可以做到比例适当。中国没有因为粮食供应充足，而导致蔬菜供应不足，尽管它们都需要占用土地资源；也没有因为冰箱供应充分，而导致空调缺货失衡，尽管它们都需要占用几乎相同的工业资源。所有物资，概莫如此。难道在土地与房子的供应上，市场就会顾此而失彼？

也许有人会说，前面所说的产品都是可以再生的，而土地是不可再生的，只会越用越少，没有可比性，因而不能按照市场需求放开供应。事实果真如此吗？那么，我们就以不可再生的资源为例，看看市场是怎样把我们从资源困境中解救出来，而并非人们想象中的束手无策。石油、煤炭、金银铜铁等都是不可再生的，而有的稀有元素，我们国家压根就没有！以铜为例，我们国家虽然有，但是比较缺乏，自有的贮存量不能完全满足市场需求。就在去年我们各行各业都争相用铜而铜又明显不够的时候，市场只需两招就解决了问题。

第一招是任其涨价以抑制需求。涨价的目的实际上是减少人们的用量，当铜价不断上涨时，人们便会意识铜资源已经很紧张，需要节约使用，需要高效使用。比如，在满足一般导电性要求的时候，我们尽量地用铝线代替铜线；在非用铜线不可的时候，我们通过技术创新尽量地减少铜的用量。第二招是放开市场以增加供应。铜价上涨，等于告诉人们这里面有很大的利润空间，我们如果能够增加铜的供应就能获取比一般行业更大的利润。在高额利润的诱惑下，全社会的资源将会有一部分向增加铜的供应方面倾斜，比如，加快探矿与采掘的进度，甚至是原先的不具有开采价值的贫矿也因为铜的涨价而被重新启用；或者是与有丰富铜资源的国家做交易，用自己有的去换别人手中我们没有的，用自己不很急需的去换自己认为很急需的。仅此两招，铜价在经过一段时间攀升之后，很快又回落了相当一部分，并且目前没有人因为铜是不可再生性资源而担心它被使用枯竭。

那么，在房子的供应问题上，我们是不是可以借鉴一点上述方法呢？一定有人不服：铜可以被替换，土地用什么替换？铜可以自外国引进，土地可能从国外搬过来吗？土地的边界早已清晰，难道还可以再发现新大陆吗？似乎是不恰当的类比。然而，从经济学的角度看，上述两招是普适性原理，市场机制下的土地与房子的供求也不会例外。土地固然不能被替换，但工业用地与商业用地可以替换，城市和郊区可以替换,沿海和内地可以替换;土地不可以被引进,但我们可以大力发展劳动密集型产业,用自己的优势产品去换别人的农作物,减少我们的农作物播种面积,或者直接劳动力出口,这等于间接地从国外购买了土地;土地不会被新发现,但我们可以通过技术的创新,使能在同等的土地上建造更多的房子(比如电梯技术),使等量的粮食占用更少的面积(比如杂交水稻)。也就是在市场机制下,人们的省钱(减少用量)和逐利(增加供应)行为,将可以解决土地的不足问题。

现在关键是我们恰恰缺少一个完善的土地市场。虽然我们高呼着市场经济的口号,但在土地管理方面却正在踏踏实实地走着计划经济的老路。

放开价格以抑制需求倒是起了点作用。但是,那只能是抑制了民众的住房需求,对于那些靠划拨土地建房的部队、武警、消防以及党委和政府等机关,价格不起作用,所以你无论到哪个城市,都能看到这些单位在较好的地段上摆着空空荡荡的院子;对于那些靠招商引资异地落户的企业也不起作用,因为地方政府为了所谓招商引资的业绩,对于外商的土地供给往往是以投资额来确定数量的,于是一些企业正好投其所好,虚报一个庞大的投资额轻而易举就能以较低的价格或者干脆不要钱圈了一大块地。在这些单位并没有花费多少代价的前提下,要他们节约用地、高效用地,岂非痴人说梦!

放开市场以增加供应更是完全没有起步。现阶段,不仅任何单位和个人需要用地都必须到政府手里去购买,而且政府的管理范围似乎越来越宽。你想提高土地利用率,把楼建得更高一点吗?对不起,规划部门已经限制了你的容积率,未经批准你将面临巨额罚款。你想把工业用地改作商业用地以增加住房的供应吗?对不起,你必须补交出让金,而且即使你愿意出钱,政府不批准你仍然没有办法。你想让土地流转到能够产生更高效率的人手中吗?对不起,一大批手续和巨额税费在等着你。你想在自己的祖宅上盖一栋房子吗?对不起,政府规划这一块地将来为绿地,你就窝在这里干着急吧!一切可以挖掘土地利用潜力或者可以增加土地供应的行为,都必须得到政府的批准,这样的土地供应如何能够满足市场的需求?何况,政府对这些可以增加土地供应的行为往往并不批准,理由当然是所谓的城市规划。至于这些规划中,为什么这块地上盖的楼最高只能七层却不能是八层,为什么规定车库车位的数量是每两户必须配备一个,或者街道的规划红线今年是这样明年换了领导又变成了那样,没有人能够解释得清楚。

政府应该管些什么?制度经济学早就告诉了我们,政府应该维护市场的公平公正和介入失灵的公共产品市场。如果开发商事前吹牛,事后不能兑现,比如说好

了有30%的绿化，最后却只有寥寥可数的几棵树，政府当然要管，甚至应该杀一儆百、广而告之以警示后来者。但是开发商事先声明自己要建多高多密有多少绿化，并无欺骗，消费者又自愿掏钱，这说明是一个双赢的行为，政府何苦要横插一杠？政府的规划应该主要集中在道路和基础设施上，比方说，在新区征用了大量土地之后，政府最要紧的不是规划路两边分别做工业用地、综合用地、商住用地等，而是将路修好，将水、电、气、电话、电视、电脑网络等基础设施铺通之后，将这些土地按出价高者得的原则竞拍出卖即可。至于这些拍得土地的企业如何使用这块地，他们会比政府更尽心尽力，因为，他们出了大价钱，必定会寻求最高的投资回报。

在现行的土地管理体制下，市场的作用微乎其微，于是，我们就看到了一些奇怪的现象：一方面政府反复强调中国人多地少，土地紧张，另一方面许多的工业园区有着大量的土地被闲置；一方面承认房价不断攀升是有土地供应不足的原因，另一方面却又限制小区里的建筑不能超过限定高度和限定密度。在土地供应全部被政府垄断的情况下，房子供不应求房价不断攀升应该就是情理之中的事情。但是，令人忧虑的是，在现行体制管理土地已经并不成功的铁定事实下，百姓仍然坚信土地必须由政府强制管理，任由市场供应将会导致天下大乱。

于是，政府继续高举严格保护土地的大旗，按照既定的思路每年只放出一部分土地供应住宅市场（而在工业用地方面却大手大脚），在人们不断要求改善住宅环境的迅猛需求面前，这些注定是杯水车薪，房价上涨还将长时间持续。房价居高不下，意味着小城市里的人向大城市聚集的困难加大，意味着农民工进入城里安居乐业的成本增高，既然无法迁移，他们就会在家乡自行建房，而这些房子将会占用更好更多的农地。人们原本寄望政府掌控土地供应能够减少对土地的占用，结果是在数量和质量上却失去了更多更好的土地，事实与愿望正好背道而驰。

其实，我们只要让市场发挥作用，土地的匮乏也将和粮食蔬菜问题一样，终究会因为交易、替换和高效利用而得到解决，房价也将会因为土地供应的充足而减缓上涨的步伐；但是如果我们失去了市场，仅仅依赖政府官员的智慧来制订所谓的土地使用计划，我们有可能不仅不能解决房价的问题，而且还会造成土地的更大浪费。

假如有一天我们发现米价开始持续上涨，那就是市场告诉我们，不能只顾住房，也应该关注吃饭的问题了！市场总是通过价格的变化，来警示人们应当把有限的资源用在最需要的地方，使得世间万物周密有序协调发展，它应当比官员们的智慧更加安全可靠！

保证食品安全，从保护农产品价格做起

程亚文*

中国食品的安全性问题，近来在国际上引来了不大不小的纠纷，而在中国内部，也带来了不少议论。应该说，食品的不安全程度，在当前的中国确有愈演愈烈之势。那么，食品污染在中国出现如此严重状况的原因，又在哪里呢？

一、过低的农产品价格不利于食品安全

不能不认为这与中华民族在目下整体性的伦理道德亏空有关。20世纪里对中国文化传统的几次致命性污损，破坏了中国人的日常伦理和道德感，如明清徽商那样自己赚钱、同时又对社会负责的商业伦理，已完全被杨朱式的“拔一毛而利天下不为”自利主义所取代。在传统中国社会，诸如“将心比心”，“己所不欲，勿施于人”的儒家伦理，实际上贯彻了社会生活的每一层面，参与社会物质交换的商业阶层，虽以逐利为天性，但也能够恪守基本的道德规范，将惠及他人与为己谋利，有机统一在了一起。然而，这种传统商业伦理在今天已难以见到。本文作者屡屡听说这样的情况：出自养殖场里的鸡鸭猪及其副产品各类禽蛋，养殖者本人从来不吃，吃的乃是自家不用饲料和任何抗生素、激素的特别喂养的那些禽肉类产品。这说明什么问题？养殖者显然知道饲料有毒或者质量不好，但只要能卖出去赚到钱，就再也不管其他。

然而，这似乎还不是主要。更直接而深刻的原因，恐怕还是利益调节因素使然，是农民的权益没有得到尊重和保障，农副产品价格过低。近年来中国城市居民在日常饮食上所花的钱，占总体收入的比例，已越来越少。这当然是一种可喜变化，反映城市居民可支配收入的增多。但与此同时，被人忽略的是，为城市居民生

*作者现居北京。

产各类农副产品的广大农民和其他生产经营者，他们要从纯粹的农业生产中来谋利营生，却变得越来越困难。举例来说，今天中国南方很多地方的农村，已不再种植水稻，农民宁愿去到市场上买粮食吃。原因何在？谷贱伤农也。在这种情况下，农副产品的生产者，为获得利益最大化，自然的反应，就是想方设法提高生产数量，而不管质量。因为市场也并没有提供一个公平可靠的质量衡量机制，能保证质优产品就能卖得好的价钱。

相比之因20世纪里长期否定中国文化传统而带来的伦理道德亏空问题，农业生产者的利益不能有效得到保障问题，生成时间较短，乃产生于上世纪90年代初，是随中国由改革开放初始时重视农村改革，而后来完全转向重视城市改革后才发生。解决这一问题，如今更有着迫切性，也更有着可能性，你不可能要求全中国的农产品生产与流通者一下子就改善商业道德，但通过利益调节来促使他们生产安全优质的农副产品，却并不难在短期内做到。如何去做呢？没有别的办法，只能提高农副产品价格，让更多的农副产品生产者能够不依赖抗生素、激素，在不追求产品数量的情况下获得更大利益。农民们如果也能凭自己手中的那片土地，保证自身的可持续发展了，农民们的生产观念就会发生转变。

二、保护农民权益才会保证食品安全

中国现在的农业生产，仍基本没有摆脱传统的粗放经营状态，农副产品如要提高质量，就必须加强质量监管，发展精品农业，并按质论价。在这方面，日本、韩国和台湾地区的农业现代化经验，对中国有很好启示。这些国家和地区，都很少听说有带毒食品，其中一个因素，就是精品农业的普及。农产品质量提高了，因此也都物有所值，价格也高。这就是同样一种农业商品，摆在日本的货架上，进口自中国的要比产自日本的价格要低的成因所在。而去过韩国的人也都会对这一点印象深刻，那就是韩国人花在日常饮食上的钱，要比中国人多上十几倍几十倍以上。比如，一盘烤肉在中国也就二三十元人民币的价格，但在韩国，就得卖上几百美元。其他如蔬菜、水果之类也莫不如此。这当然与中国与日韩两国发展阶段不同有关，但也的确反映了中国与这些国家和地区在推进农业现代化和保障农民权益上的不同。

日本、韩国和台湾地区，在由农业社会向现代工商业社会变迁的过程中，都较为顺利地实现了农村人口安全有序地向城市转移，同时留守在农村的小农并没有遭受歧视性待遇，不像早期资本主义国家那样在工业化过程中农民普遍遭受过许多苦难。东亚世界这些国家和地区的共同经验，是政府通过执行许多行之有效的政策，在现代农业的发育成长，以及农民权益保护的过程中，扮演积极引导作用。日本从20世纪50年代中期开始，韩国和台湾地区从20世纪70年代初期开始，分别采取了不同形式的"以工扶农"政策。由于政府在实施大规模工业化的同时又有意识地扶持本土农业，这些国家和地区的农业升级，包括水利工程、农业机械等基础设施建设，其成本就大部分由政府所承担，农业生产者在产业投资中的风险和压力，就得以解除。

在政府投资推进农业现代化的同时，这些国家和地区对本土农产品市场又实施了很多保护措施。比如日本政府为提高农民生产优质大米的积极性，就在农民中实行"减反政策"(大米限产保价政策)，它的具体做法，是根据上一年的大米需求情况，制定当年的生产计划，限制农户种植稻谷，同时为了弥补农户的损失，向这些农户支付大致相当于被限制种植面积年产值的补助。日本和韩国也都是以坚决不开放本国农产品市场而著称的国家，而这种要求，不仅被这两个国家为数并不为多的农民们所坚持，就连非农阶层也对此予以支持，他们认为农产品市场开放会损害本国农民利益和破坏粮食安全。

正是由于有种种支持和保护措施，日本、韩国和台湾地区的农业生产普遍比较重视质量。近两年来中国内地向台湾地区开放农产品市场，台湾水果良好的口感和营养构成，给很多人留下了深刻印象。也由于农副产品在质量上有充分保证，其价值和价格相对一些国家也要高。与中国目前工业品价格一般高于农产品不同，韩国人消费得起数码相机，却无法轻松消费烤肉和水果。而现在日本国内不少人，每到周末就选择到中国上海、大连等地做美容吃东西，原因无它，日本一个高级一点的饭店里一顿饭的钱，就可以在中国五星级饭店吃住玩上两天，外加往返中日两国的机票。

三、农产品价格应该提高

中国今天已进入一个物质大充裕的时代，单纯追求数量、担心食品匮乏的时代其实已经远去。中国人民大学的黄宗智教授因此提出要改变农副产品生产模式，发展家庭小农场，以利于生产者获利。也就是说，应当进入一个更加重视质量而不是数量的时代。提高质量意味着产品价值的提高，因此也就有必要提高产品

作为商品时的价格。要以价格来调节质量,只有让大量的农副产品生产者,能够从农副产品生产中获得能够保证其长远发展的利益,他们才会有动力生产安全而高质量的农副产品。

农副产品价格提高,肯定会对城市居民的生活产生一些影响。但是,相比整天饮食带毒食品,多花一些钱,就能保证安全食品,从身体健康角度来论,事实上并没有什么划不来。所以,城市居民对此应有整体权衡考量,不可因小失大。如果农副产品生产者的权益不能很好得到保障,城市居民与农村居民始终存在收入鸿沟,那么,城市居民所日常饮食的,就始终将是不安全食品。其中的得失不难计算。

当然,农副产品价格的提高,须与对农副产品的产、供、销形成有效监督相同步。没有公平完善的产品检测和监督体系,就不会有规范的农产品市场,也就不会形成重视质量的农业文化。在这方面,做出改进并不特别困难。比如,将同种类型的农副产品,由相关监督部门按其质量分出不同的等级,并按此等级严格监督其生产和面世,使质量优良的农副产品能够卖到更高价钱,让生产者的劳动价值得到实现。如果类似这样的措施得以长期实行,慢慢就能形成激励机制,逐步淘汰劣质产品,强化优质农副产品的生产。

一个国家的前途既维系在那些形而上的事物上,也维系在那些形而下的事物上。衣食住行是基本的民生,其实也深深关系一个国家的长远可持续发展。如果一个日益兴旺的中国,能够在今后一些年内解决好食品安全问题,中国的和谐社会建设,也才能够找到更踏实的立足点,中国的国家前途也就更有保障。

农产品值多少钱? (范建平 绘)

和我的美国老师交往中的点滴

许 斌*

从 1986 年开始,我在经济学的学习上得到了美国老师的指导。那年我有幸参加了在中国人民大学举办的中美经济学培训项目,俗称“福特班”。这个项目是福特基金会资助、由邹至庄教授牵头办成的,程度相当于美国博士班第一年。我在这里第一次接受了正规的现代经济学的训练。我们的微观经济学老师是加州圣地亚哥分校的 Mark Machina 教授,留着大胡子,和照片中的马克思有几分相似。他曾得意地对全班说,在北京闲逛时有好几次享受了长时间的注目礼,翻译告诉他这是因为人们以为马克思来到中国了。马教授(Machina 中文名字是马中国)数学功底深厚,在黑板上推导微观经济学定理挥洒自如。他在本科是学数学的。记得他曾讲到过他是如何改学经济学的。在他还是本科学生的某一天,他在书店里随手翻阅 Handerson 和 Quandt 所著的《微观经济学》,被其中精致的经济学数学模型所吸引,当即决定改换门庭。在我印象中马教授很有童趣,最喜欢和小个子的陈小红妹妹(现为纽约大学经济学教授)开玩笑。在期末考试前,马教授从口袋里拿出一张 100 美元,悬赏给考试的第一名。有趣的是他在计算考试成绩时出了一个小差错,将 100 美元奖给了第二名。后来他发现了错误,毅然拨乱反正,又拿出 100 美元奖给真正的第一名。马教授的专长是不确定性经济学(economics under uncertainty)。不过这次计算分数的“不确定性”让他付出了双倍的代价。

在福特班教我宏观经济学的是密西根大学的 Roger Gordon 教授。Gordon 教授是个儒雅君子,在公共财政学上有一流的造诣。如果说 Machina 的板书严谨到可以直接印成教材的话,那么 Gordon 上课的内容较为松散,但留下了更多的思考余地。Gordon 教授的太太 Michelle White 教授是法经济学方面的专家,在她的课上我们学到了许多法律经济学方面的案例。Gordon 夫妇热爱我们这些学生,可以说是真情投入。在他们回美国后做了非常多的努力,将班上的优秀学生推介到北美深造。大概是因为我在 Gordon 教授的宏观经济学课程上得了一个 A+,所以给他留下了印象。我能被美国哥伦比亚大学录取并获得全额奖学金,和 Gordon 夫妇的推荐是分不开的。2002 年夏天在香港为邹至庄教授举行了一个庆祝会议,会上 Gordon 教

* 作者系中欧国际工商学院经济学与金融学教授。

授回忆了他们夫妇在福特班的美好时光。有什么比看到昔日的学生成长为今日的学术同事更能令老师欣慰的呢？顺便提一句，我正是在那次会议上认识了小洪兄，开始了和《经济学家茶座》的缘分。

在人大福特班结业后我回到复旦大学完成硕士学业。由于人大班的成功使福特基金会扩大了对这个项目的资助，在复旦大学开设了第二个福特班。1988 年夏天复旦福特班举办了以国际经济学为专题的暑期研讨班，我承担了助教工作。研讨班由 Jeffrey Frankel 讲国际金融，Ronald Findlay 讲贸易理论，Robert Baldwin 讲贸易政策，Jonathon Eaton 讲国际投资，阵容可谓强大。当时我为 Frankel 和 Eaton 做助教，也听了 Findlay 和 Baldwin 的讲课，领略了他们各自独特的教学风格。Frankel 的讲课太有条理了，可谓滴水不漏，超过了前文提到的 Machina 教授。Findlay 喜欢拿一支粉笔，边讲边在黑板上写下式子，沉浸在自己的推导中。Eaton 的讲课跳跃性强，学生很难跟上他的思维。我当时对他们的讲课一知半解，也没有去仔细研读作为参考书的 Krugman 和 Obstfeld 的《国际经济学》(好像是第一版)，回想起来是错过了一次极好的深入学习国际经济学的机会。当时我受 Gordon 教授的影响，喜欢的是宏观经济学和公共经济学。在复旦，作为硕士生的我被委予了讲授宏观经济学这门必修课的重任；而对公共经济学的浓厚兴趣让我参与翻译了阿特金林和斯蒂格里茨的研究生教材《公共经济学教程》(上海三联书店当代经济学系列丛书)。我在复旦的硕士论文写的是公营企业和私营企业经济效率的国际比较。

1990 年我开始在美国哥伦比亚大学念博士，后来师从 Ronald Findlay。虽然我在 1988 年夏天 Findlay 教授来福特班暑期研讨会时见过他，但我没有为他当助教，只是旁听了他的讲课。我申请哥大倒不是冲着 Findlay 教授或者国际经济学而去的，也不是冲着纽约而去的。当时读了一本翻译过来的书，书名记不得了，是一个美国记者采访四所著名大学经济学博士生探讨各个经济学流派在校园中影响力的那么一本书，其中包括哥伦比亚大学和明尼苏达大学。这本书对我当时申请什么学校产生了一定的影响。我那时很向往明尼苏达大学，因为理性预期宏观经济学在那里很活跃，是当时的学术前沿，可惜该校没有给我奖学金。而我在申请材料个人短文中对公共经济学所表达的热情显然打动了哥大经济系负责招生的 O'Flaherty 教授，一位研究城市经济学和贫困经济学的左派教授。在哥大学习了一年以后，我意识到了国际经济学在这里的雄厚实力，而宏观经济学的高深教学让我望而生畏(当时我的宏观老师是 Ricardo Caballero，刚从麻省理工学院毕业不久。现在他回到了麻省理工学院担任经济学教授)，所以毫不犹豫地选择国际经济学作为第一专业。

当时哥大的国际经济学专业一般由 Findlay 讲国际贸易理论，Bhagwati 讲国际贸易政策。我在第二年上专业课时，Findlay 教授正好休学术假，所以两门课都由 Bhagwati 来上。Bhagwati 上课挺有意思，很兴奋，喜欢聊一些趣闻轶事。他显然不太喜欢 Krugman 等倡导的“新国际贸易学”，在一学期的课程中只放了一节课，而且并不怎么讲该理论的模型，只是列出了 Krugman 和 Helpman 的书让我们自己去读。那年哥大邀请了 Krugman 和 Bhagwati 同台讨论国际贸易问题。记得 Bhagwati 很兴奋地对我们说，明天去听他和 Krugman 的辩论。但第二天我们看到的是一个高调亢奋的 Bhagwati 和一个低调含蓄的 Krugman，没有擦出任何火花，让我们很是失望。实际上 Bhagwati 虽然不认同“新国际贸易学”，但对自己是 Krugman 的老师一直很骄傲。当年 Krugman 的“新国际贸易学”的开山之作在投稿时到处碰壁，是 Bhagwati 力排众议将它刊登在《国际经济学杂志》上。那时 Bhagwati 是该杂志的主编。

我在哥大的第三年 Findlay 教授休假归来。当时我们班三位印度同学都选择 Bhagwati 做论文导师。尽管 Bhagwati 教授明确欢迎我当他的学生，还就论文研究方向给了我具体的建议，但我还是决定不去和我的印度同学“争宠”。于是我敲开了 Findlay 教授的办公室。话题自然从 1988 年夏天 Findlay 教授在复旦福特班的讲课开始。提到那次访问，Findlay 教授脸上洋溢出快乐的笑容。我和教授谈了一些我的研究想法。对于担任我的论文指导老师，Findlay 教授满口答应。那年 Findlay 教授为我后面一届博士生上国际贸易理论课时，我去旁听了一遍，算是徒弟正式拜入师门。

我博士论文想研究的是金融中介对国际贸易的影响。在传统的国际贸易模型中，资本市场被假定是完善的，所以金融中介没有任何作用。我当时设想是不是可以将金融中介的模型嫁接到国际贸易模型中以得到一些新的结论。Findlay 教授对我这个异想天开的想法采取了鼓励态度，并从书架上取下一本刚出版的关于信息不对称下决策模型的书借给我翻阅。在我认识的经济学家中，Findlay 教授可以说是知识非常渊博的学者。在他的家中满是书架，放置着大量的书籍特别是历史书籍，家中的装饰镜框中放的是一幅幅古代的地图。今天回想起来，Findlay 教授当时应该并不认同我的选题。但作为导师不去限制学生的想象力，想来也是他的高明之处。

在我开始博士论文研究时，Dani Rodrik 教授加入了哥大经济系。他的到来为传统的哥大经济系带来了一阵新风。Rodrik 教授的思想从不落俗套，甚至有时称得上“异端”。他开设的发展经济学课程非常受欢迎。虽然我已不需要额外学分，但我还是注册了这门课，目的是用考试来激励自己花更多时间在这门课程上。我从 Rodrik 教授的讲课中确实学到了不少东西，特别是通过这门课和教授建立起了师

生关系，可以去求教博士论文写作时的问题。受Rodrik教授的影响，我的论文研究重点转向了政策方面。我完成的第一篇文章讨论了在金融市场信息不对称的条件下对幼稚产业的贸易保护是否符合社会福利。在我构建的模型中，发展中国家看似可以通过幼稚产业保护政策来克服由金融市场不完善导致的建立幼稚产业的融资瓶颈，而实际上这个政策会损害社会福利。这篇论文在一定程度上符合经济学理论文章“胜在出乎意料”的审美倾向，因而颇得Rodrik教授的赞赏。那段时间论文写得很辛苦。Rodrik教授大概看出了我的疲劳，对我说你应该去take a vacation。说来有趣，当时作为中国穷学生的我虽然已在美国生活了多年，但对旅游和度假两者之间的区别没有概念。Rodrik教授应该是将生活中需要度假这个概念注入我头脑中的第一人。现在我在度假时偶尔会想到Rodrik教授当年对我的这番教导。

我在哥大当学生时最风光的一天莫过于在系里正式演讲我的job market paper，也就是上面提到的那篇文章。在美国念书很少有机会西装革履，我那天的形象肯定让Findlay教授非常amazed，我从他的眼神和笑容中可以看出。那天来了三十多人，有七八位教授。演讲进行得很顺利，我的论文得到了肯定。记得Robert Mundell教授也参加了会议并提了一个问题，在我回答他的问题后Findlay教授帮我作了一些补充。那天晚上Findlay教授给我打了个电话，就我应该如何在这篇论文基础上进一步拓展对这个专题的研究作了很详细的指导。Findlay教授肯定了这篇政策导向的论文，但希望我将金融市场模型更一般化地引入到新古典贸易模型的框架中，来推导关于贸易类型和收入分配的相关定理。之后我在这方面做了努力，形成了包括近十个方程式的一般均衡贸易模型。记得Findlay教授把我叫到他的系主任办公室(在我毕业前那年他开始担任系主任)，让我在黑板上演示这个模型，并给了我不少评论。回想起来当时我的水平太低，对导师的评论中传递出的灵感只捕捉到一小部分，但已是受益匪浅。Findlay教授特别让我去找Mundell教授讨教。他举起双手在头顶上做了一个比划，意思是Mundell教授的头脑中充满了智慧的火花。我遵嘱去找Mundell教授，但几次没有找到也就作罢了，现在想来有点遗憾。Bhagwati教授那天没有参加我的论文演讲会，但从他的学生那里知道了我的演讲情况，其后遇到我时多有赞扬和勉励之言。Bhagwati很重师生关系。有一次我去向他讨教时，他指着办公桌的一角，我吃惊地发现了一张我和太太的照片，那是上一次我们拜访他时送给他的。难怪Bhagwati教授桌上放着那么多的东西！

和我的美国老师们的交往只记录了一个开头，他们对我的帮助一直在延续着。在写这些文字时，我心里充满了对他们的崇敬和感激。

学好经济学对研究生找工作有用吗？

聂辉华 *

一

最近一段时间，关于硕士研究生学制究竟应该维持两年还是改回三年这个问题引发了不少议论。①认为应维持两年制的主要理由之一是，研究生阶段学不到什么有用的东西，因此晚一年毕业不如早一年毕业，何况工作形势是王小二过年——一年不如一年。那么,对于一个在读的经济学研究生而言，究竟学好经济学对找好工作有没有用处？

这个问题的答案有四种:第一,学好经济学一定能找到好工作（充分性);第二,学好经济学是找到好工作的前提(必要性);第三,学好经济学有利于找到好工作(加强性);第四,学好经济学与找到好工作没有必然联系(不相关性)。当然,不排除学好了经济学最后反而耽误了找工作这样一种极端情况。既然研究生学习不再像本科生阶段那样具有强制性和约束力,那么一个研究生大不了选择混日子的方式避免第五种极端情况。这样,实际上就有四种可能性。众所周知,在中国这样一个"关系社会"而非"契约社会","关系"就是生产力。通常,有了好关系一定可以找到好工作。而关系通常与真才实学没有对应关系，因此学好经济学肯定不是找到好工作的必要条件。这样,我们就排除了第二种答案。既然有好关系一定能找到好工作,那么这实际上意味着在职位有限的情况下，有好关系的人会挤掉那些有真才实学但是没有关系的人。在对各种资源进行"辞典式"排序分析后,我们发现学好经济学也不是找到好工作的充分条件，这样就只剩下第三种和第四种答案。

如果我们可以找到合适的样本,对某个经济学专业的同班同学的学习成绩和毕业去向进行计量分析，就比较容易找到答案了。但是,要获取合适的样本是非常困难的，因为学习好的学生可能本身就比较聪明或勤奋,而

* 作者系中国人民大学经济学院博士、讲师。作者感谢香港科大江艇提供的评论意见。

①参考聂辉华(2007):《研究生学制要么取消,要么改回三年》,http://www.mdn.cn/baisha。

这些素质会直接影响其工作。技术地说，普通的回归检验难以排除自选择问题。因此，这里我们只能进行抽象的理论分析。我们分析的思路是这样的：我们首先概括出学好经济学必备的若干素质，接着表明这些素质是否对于找好工作也是必备的，然后分析是否通过其他途径难以学到这些素质。如果后面两步的答案都是肯定的，那么我们就可以肯定地说，学好经济学有利于找到好工作(答案三)。反之，如果后面两步的答案中只要有一步是否定的，那么就证明学好经济学与找到好工作没有必然联系(答案四)。

二

我个人认为，学好经济学至少应该具备三个条件：扎实的基础知识，良好的表达能力和对理论的正确理解。[①]这三种素质与找到好工作有什么关系呢？下面一一分析。

扎实的基础知识，是指作为经济学(类)专业的研究生，应该掌握中级以上程度的微观经济学、宏观经济学、计量经济学和博弈论。上述四门课程通常是国外经济系研究生的必修课程，因为这些课程教授的都是从事学术研究的入门知识。因此，说掌握这些知识是学好经济学的必备条件应该没有任何问题。那么，学好这些知识对于工作有没有帮助呢？我相信一定有。因为这些课程培养了研究生的逻辑推理能力、经济分析能力和计算能力。如果一个学生要去金融行业，至少要懂基本的宏观经济学知识和产业经济学知识吧？如果去咨询公司，至少要懂基本的统计或计量知识吧？如果去研发部门，那么懂再多的经济学恐怕都不过分。即便去政府部门，也同样需要了解国家的宏观经济或企业运营等知识。几年前，我跟一个在人大读MBA的广告公司老总吃饭。我问他，计量经济学对于测算广告投放效果有没有帮助？他肯定地说有。他认为，尽管存在一些诸如慧聪这样的广告监测网站，但是由于影响销量的因素很多，单纯的没有经过严谨的统计或者计量经济学分析的广告监测并不能精确地判断广告投放的效果。本土公司不太可能像AC尼尔森那样，通过做大规模定点入户调查获取样本，因此就应该借助于计量技术。我在给研究生讲授“产业组织理论”课程时，要求学生利用博弈论的方法推导一个企业的最优广告支出模型，再根据我提供的一个样本数据来

①参考聂辉华(2007)：《研究生学制要么取消，要么改回三年》，http://www.mdn.cn/baisha。由于有下一步的问题，因此这是定义问题，而不是一个简单的套套逻辑。

拟合各种参数，最后比较拟合结果与实际结果的差异。这个模型是国外1970年代发展的成熟模型，很多实证研究都支持了该模型的实用性。几乎所有学生都能从博弈论的角度考虑其他企业广告支出对本企业销量的影响，从而推导理论模型。我想这比静态的广告监测思路要科学一些。问题是，多数学生在处理数据方面还缺乏相关计量经济学知识或经验。他们利用我提供的样本数据套进计量方程，再用EViews或STATA软件一回归，最后却发现结果完全不符合经济学逻辑，或者结果不显著。问题在哪里呢？原来我给出的样本数据可能存在多重共线性问题，需要先检验数据之间的关系，并且剔除一些不合理的变量。而学生们没有这方面的经验，因此可能算出错误的模型。这说明，如果经济学基础知识学得不好，对工作不仅没有帮助，反而有害。

良好的表达能力，主要包括口才和文笔。很多人以为真正的学者应该是“敏于行而讷于言”的，其实这是一种误解。在学术分工越来越专业化的今天，要和同行竞争，要和外行交流，就必须能够简明扼要、深入浅出、逻辑清晰最好再加上辩才无碍地表达自己的观点。我的研究生课都要求学生做presentation，并且在表达技术上有较高的要求。例如，幻灯片（PPT）要简洁明朗，每张不能超过七行字，必须在三张PPT以内告诉听众主要观点；要面对听众并随时调节演讲的语气和速度；介绍数学模型时，侧重讲经济学逻辑，并且要举例说明；最高的“境界”是保证任何一个迟到的门外汉也能够听懂余下的内容。我相信，这些口头表达能力对于找工作也是大有裨益的。前几天跟一个教授聊天，我问他什么样的研究生更容易找到好工作。他说，如果不考虑学术论文对于应聘研究机构的重要性，那么说话得体、思路清晰和仪表端正的研究生更有优势。我想，这位教授的概括比较中肯。想想看，如果一个研究生都不能将深奥的数学模型浅显易懂地讲出来，那么他如何向上司报告一些专业知识呢？一个研究生，如果不能跟同学沟通，不会影响他毕业；如果不能跟上司沟通，那么可能就要失业了！文笔对学好经济学的重要性可能同样被低估。很多人误以为，现代经济学论文都是“导论——模型——检验——结论”这样的八股文，因此优美、流畅的文笔只是屠龙术而已。事实上，一篇有价值的学术论文必须找准自己的location，必须在开头就让别人相信自己有贡献，必须让别人看得非常明白，这是需要下工夫的。写一个好的introduction，花费的时间不会比做一个模型少多少。看看Stiglitz（斯迪格里茨）、Krugman（克鲁格曼）和Acemoglu

(阿西莫格鲁)等人的大作,你会发现什么叫"思想与技术齐飞,模型共文笔一色"。至于好的文笔对于工作的重要性,我相信这对属于社会科学的经济学研究生是无需赘言的。

对理论的正确理解,是指熟悉一个理论的假设条件、逻辑,并且能够将理论与现实相结合。我一向以为,学经济学,要么就学精,要么就别学,学个半拉子是最害人的。为什么呢?因为没学经济学的人,不会用经济学的抽象概念和深奥模型去唬人;学得好的人,不会盲目地用现实去套理论;就怕学得不好的人,偏偏用经济学的抽象概念和深奥模型去说服别人采取某种政策,结果小则误人子弟,大则祸国殃民。我这样说绝对不是夸张,只要想想这些年来政府制定的那么多无效率的经济政策就知道了。这不是道德问题,而是学术问题。茅于轼先生就说过,很多时候是好心办了坏事。以我研究的激励理论为例。若干年前,"末位淘汰制"甚嚣尘上,好像是因为一本畅销的管理著作介绍了某个著名企业的成功案例之后流行起来的。从经济学角度看,末位淘汰制就是所谓的"锦标赛"(tournament),它是一种特殊的"相对绩效评估"(RPE)。到底是RPE好,还是普通的绩效工资制度好,这要看具体的环境。实际上,只有双方都面临着共同的风险冲击时,RPE才好于绩效工资制度。因为通过相对绩效评估,分散了雇员的风险,剔除了雇员的运气,从而为测度雇员绩效提供了更多的信息。相反,则绩效工资制度优于RPE,因为它能减少雇员面临的风险。打个比方吧。一个销售员空调卖得好,不一定是因为他很努力,也可能是因为季节的因素。在夏季,不用怎么努力也可以卖出很多空调;在秋季,再怎么努力可能也卖不出夏季那么多的空调。但是,老板能但单纯地根据业绩来奖励销售员吗?当然不能。否则的话,老板在秋季就可能招不到雇员了。如果采取RPE,那么就容易甄别出销售员的真实努力水平,因为大家在同一个环境下竞争。反过来说,如果销售员的素质、背景以及工作环境等因素差别很大,那么搞RPE不仅不能甄别销售员的真实努力水平,而且会额外地给销售员增加风险,甚至导致恶性竞争。因此可见,不问青红皂白,盲从流行的所谓管理学理论,很可能设计了效果相反的激励机制。如果咨询顾问没有正确的经济学理论做指导,给企业做咨询时就会害了企业。我自己在管理咨询公司工作过一段时间,深刻地体会到正确理解经济学理论的重要性。

三

我们已经证明,学好经济学的三

种基本素质——扎实的基础知识、良好的表达能力和对理论的正确理解——对于找到好工作是有帮助的。这三种素质可以说是学好经济学最主要的素质。因此,现在的问题是,这三种素质是否非得通过学好经济学才能获取?我觉得基本上是这样。

扎实的经济学基础知识和对理论的正确理解只能在学好经济学的前提下才能具备。很大程度上,"学好"的定义就是具备这些素质。问题是,难道不学好经济学就不能培养良好的表达能力吗?当然不是。一个研究生通过当学生干部、参加社会实践、去企业实习等途径也可以培养口头表达能力,而且说不定效果还更好。但是要培养规范、流畅的文字表达能力,除非本身就有这方面的基础,否则很可能必须通过学好经济学才能获得。举例来说,如果一个在投资银行工作的研究生要撰写一份关于IPO长期绩效影响因素的研究报告,那么他在毕业前如何培养这方面的本领呢?如果他在学校学习金融学时不认真听课,不认真读相关论文,不认真写论文,我相信要撰写一份规范、严谨的专业研究报告是很困难的。我偶然翻阅到一本北大光华管理学院研究生的硕士学位论文,主题就是IPO。作者在介绍了导论、文献综述之后,接着就介绍研究方法和数据来源,然后分别通过事件时间法和日历时间法提供理论模型和计量结果,最后是结论和政策含义。先不管内容如何,光是这种结构安排就是非常规范的,显示出作者在论文写作方面或研究方面受过良好的经济学训练。撇开学术论文和专业研究报告在结构方面的差别,我相信作者所使用的分析方法对于投资银行研究报告的科学性必定大有裨益。相反,你能指望一个只会写"问题——现状——对策"这种三段式的文章的人,能提供科学的研究结论吗?

上述分析表明,学好经济学所需的几种主要素质,对于找到好工作显然是有帮助的,而这些素质通常难以通过其他方式学到。既然如此,经济学研究生为什么不好好学习经济学呢?那些抱怨学习经济学没用的研究生,首先应该反思一下自己是否学好了经济学。

友情提示："浓缩语言　节约时间"

朱　玲*

翻开中国社会科学院建院30周年纪念册，感想良多。最先涌上来的念头是："怎么这么多会议照片啊？这究竟是因为开会是最重要的文人活动，还是因为留在影像资料中的文人活动主要是开会？"尽管这里包含着编者的选择偏好，也不排除贫穷时光照相尚属奢侈消费、用于会议记录顺理成章的原因，然而诸多的会议"老照片"毕竟使人意识到，也许会议正是最容易聚拢学术同行面对面交流的方式。否则，眼下无论如何也不可能看到这么多"大家"云集的历史画面。如此想来，既然学者经常性地要把生命花费在会议上，那就值得探索怎样提高此类学术活动的效率，或者说如何尽可能地把会议时间利用到极致。

依据自己参加、组织和主持学术研讨会的经历，我感到最失败的会议，是与会者自说自话，相互之间未实现有效交流。近年来议程安排日趋国际化，既有"主旨发言人"（讲演者），也设评论者，还留有"提问和回答"事项。可是，自有为数不少的讲演者，只顾自己尽兴，无视听众感觉，肆意挤占评论时间，似乎没有打算听取批评和议论。评论人当中，也不乏把"评论别人"变成"讲演自己"者。倘若两类人碰到一起，那就难得给集体讨论留下余地。更糟糕的是，即便能有几分钟"提问和回答"的时间，也常冒出个把随心所欲词不达意的评点，还不乏转弯抹角不着边际的提问。主持人但凡干预不力，会议就可能离题万里且还"刹不住车"。国人"好面子"，常有会议主席把打断超时发言视为伤人面子，宁可损失会议效率，也要做个"好好先生"。结果是，每个阶段几乎都不可能按时结束，或者牺牲中场休息，或者推延进餐时间。无论怎样，先出场者耽搁了后面的人，发言者耽搁了听众，实质上每个人都可能因为会议质量不高而收获稀少。

在这种背景下，冠冕堂皇地找借口中途退场，或心不在焉地消磨时间，或一心

---

* 作者系中国社会科学院经济研究所研究员。

二用在会场办公,便成了司空见惯的事情。且不论身体或思想逃会出于何种具体原因,只消设想一下,假定绝大多数与会者都能得到精神享受,怎会把学术会议视为如此不堪重负的差事?“逃跑”或“怠工”,多半是对低效率和无效率会议的消极应对行为。窃以为,积极的态度是从维护时间纪律做起。我应邀当会议主席时,曾试图敦促发言者守时。虽然结果尚可,却也遭遇不少尴尬。有的超时者不断以“再说两句”作盾牌,依然故我喋喋不休;有的无视会议时限我行我素,一遇干预就拉下脸来以示不满;有的明知时间不够,却不思提炼,径自把想说的话全部发射出去,根本不考虑听众能接受多少信息。最令人难忘的一幕,是讲演者急迫到话语颠三倒四的地步,最后干脆喊了起来:“朱玲!朱玲!你要逼死我了!”这倒使本人不得不反省自己,是否过于强调效率而失之于人性化?为了寻求万全之策,便在自己负责组织会议时写下如下友情提示:

“为了节约时间,我们把诸多议程压缩在一天之内,因此也不得不预先向每一位与会者道歉:会上只能遵守时间,浓缩语言,不可能尽兴。然而,我们相信,通过精炼而高效的研讨,可以为兴趣相投者会后展开酣畅淋漓的交流打下基础。因此,对不同会议角色有如下不情之请:

第一,主席:与会者是否能高效率地展开交流,取决于您的主持和调度。我们期望您保证所主持的阶段性研讨按时开始和结束,故而特为您准备了阶段性时间表,敬请您告知每一位发言人的时限。对有可能超时者,请相机晃动提示纸条,或出示手势乃至语言打断。

第二,专题讲演者:听众能否获得关键信息,是否有兴趣提出问题投入讨论,取决于您对讲演逻辑的把握。我们期望您以提示研究中的主要发现为要务,在会议主席示意时限的时候,尽快做结束语,甚至立即中断讲演,把细节留给纸面资料,把解释留待听众提问。还需要提醒的是,敬请言简意赅地回答最重要的问题,而把需要展开的论述留给会下交流。

第三,主评人:讲演者和听众受益于思想碰撞中,取决于您对作者文章的直率品评和尖锐提问。虽然未给您纵横驰骋的空间和时间,但是主题鲜明的精悍评说,足以点燃众人的智慧火花。为此,请把时限内未完成的话题留给您和受评者的私下谈话以及未来岁月的经常性交流。

第四,提问者:在会议交流中,切中要害的提问往往是有所发现的先导。会议中能否有实质性的讨论、友好而激烈的交锋以及尽可能多的与会者获得发言机会,取决于您开门见山的简练提问。为了赢得有效的会上交流,请把您细腻而又周密的议论,留给会下一对一的绵长对话。”

有了提示便能如愿以偿么?非也!若无细致扎实的会外功夫,那很可能就变成废纸一张。首先,会议组织者必须目标单纯,仅仅是为学术讨论而设计会议。这样,就会在选择与会者时,只邀请那些对研讨主题有兴趣的人,而且也是熟悉相应专业领域的人。但凡目标多元,那就从这第一个环节开始,埋下了低效率的种子。

其次,提前完成信息资料准备工作。有的讲演者可能在最后一分钟才完成写作,甚至到了开幕之时也只有未完成稿,这就迫使主席和评论人不得不临场应变。若要二者同时应对自如,也是强人所难。会议组织者的责任在于,将完成或未完成稿、发言提纲或内容提要一并收集起来,提前分发给主评人。同时,仅仅为了节约纸张,也不必打印研究报告全文,而只需把提纲和提要做成文件夹。计算机幻灯制作技术,为这种做法提供了充分的可能性。经过筛选的与会者既然懂行,一般浏览这样的文件夹就能了解个大概。相应的,主席对如何主持讨论便自会心中有数。毫无疑问,主评人只要认真看过全文,多半在场上都能做到有的放矢。

再次,讲演者选择和培训。发言人若是口头表述混乱,那往往是思维逻辑混乱的结果,个人准备不足只是次要原因。只要逻辑清晰,发言者就必然具备足够的弹性:时限 5 分钟,寥寥数语便能展开一条思路,犹如勾勒出一棵大树的主干;时限 15 分,必能提纲挈领展示主题的构成,恰似描绘出大树的轮廓;时限再延伸,那就添枝加叶把讲演做成专题讲座。总之,提炼的功夫靠的是天长日久的训练,倚仗的是认真深入的专题研究。当然,即便有了这等扎实的基础,事前若非大致分配一下提纲中每一部分的表述时间,还是可能因时限所迫而导致发言虎头蛇尾。会议组织者若是邀请来宾讲演,最好选择适合会议主题的训练有素者。若是自带队伍报告学术成果,那就必须把“发言”作为队伍培训的一环,从课题组成立之时起,就将项目执行和学术研讨相结合,给予每一位成员经常讲演的机会,并由听众充分点评。

总之,若非有备而来,最好不要开会。

在北京大学经济学院研究生毕业典礼上的致辞

萧国亮*

同学们、老师们:

大家好!首先我代表北京大学经济学院的所有老师对在座获得博士学位、硕士学位的同学们表示热烈的祝贺!在世界上很多国家,不管是主席还是总统,不管是部长还是局长,这些职务已经不是终身的了,但是今天你们所获得的学位,却依然是终身的!所以获得学位对于你们来说确实是人生道路上的一个重大跨越,是十分值得庆贺的事情。不过套用一位伟人的话来说,获得学位在人生的道路上,只是万里长征走完了第一步。如果这一步也值得骄傲,那是比较渺小的。更值得骄傲的还在后头。同学们,大家想一想:再过二十年,我们来相会,那将是什么情景?这就使我想起了我们毕业的时候所唱的《毕业歌》:“我们今天是桃李芬芳,明天是社会的栋梁!”到那时,在你们中间一定会出现一批大经济学家、大企业家和大政治家。人生如戏,今天只不过是序幕,到那时才是高潮!

中国的儒家,宋代的张载曾经说过:“为天地立心,为生民立命,为往圣继绝学,为万世开太平!”在中国传统社会里,多少志士仁人怀有如此的理想,但终未实现而为此抱终生之憾。我们纵观历史,可以发现他们从来也没有为万世开出太平过。但是,我认为这个伟大的理想将被你们所实践而变为现实!再过二十年,我国的GDP在总量上将超过美国,领先世界;中华文明将再次复兴,中华民族将真正的自立于世界民族之林!所以,中国的命运,中国的前途,将寄托在你们的身上。你们必将成为伟大的一代,光荣的一代,骄傲的一代!

你们要清醒地意识到:虽然你们已经成为博士,已经成为硕士,已经拥有最有价值的知识,但是与人类所拥有的知识海洋相比,你们只不过是一条小溪。尤其要提醒你们,以我之见,经济学主要的是工具理性,是科学主义。历史的经验证明,工

---

* 作者系北京大学经济学院教授。

具理性如果不与价值理性相结合,科学主义如果不与人文主义相结合,就无异于童子操刀,具有极大的危险性！所以你们今后一定要加强价值理性与人文主义方面的修养。

价值理性、人文主义最根本的就是一切为了人,一切为了解放人,大写的人！马克思在《1844年经济学哲学手稿》所论述的价值理性,就是对“人的自我异化的扬弃”,就是“人的复归”,就是最高境界的人道主义。他在《资本论》里所论证的理想社会,就是“自由人的联合体”。解放人,就是把人从一切异化的桎梏中解放出来,放他们到宽阔光明的地方去,此后幸福地生活,合理地做人。过去毛主席领导的解放军,把中国人民从三座大山的压迫、剥削中解放出来,今天我们要把中国人民从贫困中解放出来,从愚昧中解放出来,从所有的异化桎梏中解放出来。这就是我们的价值理性,这就是我们的人文主义。鲁迅先生在《我们现在怎样做父亲》这篇文章中说:“肩住黑暗的闸门,背住了因袭的重担,放他们到宽阔光明的地方去,此后幸福的度日,合理的做人。”这个宽阔光明的地方就是自由的世界。

价值理性、人文主义的基本之处,就是“爱”。今天我们都穿上了博士服、硕士服,有人说有一种宗教的感觉。这使我想起了我学英语时所读到的《圣保罗致哥林多书》所说的爱:即使我会八国的语言,甚至晓得天国的话语,倘若没有爱,充其量只不过是会鸣的锣,会响的钹。即使我有先见之明,渊博之学,超人之术,倘若没有爱,那就什么也不算数！……爱是经久忍耐,慈悲为怀;爱是不嫉妒,爱是不自吹,爱是不狂妄,爱是不乖张,爱是不自利,爱是不轻易动怒,爱是鄙视不义,爱是喜欢真理。爱是凡事包容,凡事相信,凡事盼望,凡事忍耐。

所以,我想:假如没有爱,这个世界将失去色彩;假如没有爱,整个生活将失去意义;假如没有爱,我们所拥有的经济学知识对人们就不会有益;假如没有爱,再多的GDP也不会创造出人类的幸福!培育我们的博爱之心,让我们爱得更加高尚,爱得更加深远,爱得更加伟大。这将是我们永远的必修课程。

最后,我希望你们要常回家看看。

北京大学永远是你们难忘的故乡！经济学院永远是你们故乡的家！

常回家看看!

大学里的评奖

徐秋慧*

在大学里,评奖活动很多,但最受上下关注的是科研成果评奖。教师关心这个奖项,是因为只有你的成果获奖了,才能证明你的成果过硬,才能显示你有科研水平、是人才,才有资本参评教授、博导、学科带头人、专业技术拔尖人才、政府特贴专家、长江学者,才有资本申请课题立项,才能竞选各种人物(如优秀教师、教学名师、十大杰出青年、帼国十佳、青年突击手等),以至竞聘管理职务等。总之,只有你的成果获奖了,才有可能在学校里混出点明堂来。

学校关心这个奖项,是因为只有学校的成果获奖了,才能证明学校的师资队伍过硬,学校的科研水平高,才能在教学工作水平评估中斩获"优秀",才能申报学院更名为大学,才有资本申报硕士、博士授予权,才能进入"211"、"985"工程,才能由"厅局级"晋升为"副部级",校长、书记才有资本升迁,等等。

鉴于科研评奖关系到当事人的切身利益,有关当局历来重视科研成果评价机制的规范化建设,经常出台和修订评审制度、条例、政策和实施细则,力求公开、公平、公正地遴选和评价科研成果,以最大限度地激励教师和学校重视科研,加强科研,发展学术。公允地说,当局的努力是有成效的,有些奖项搞得也是好的。例如,在我国经济学界享有盛名的"孙冶方经济科学奖"就得到学界比较普遍的认可。但是,真实世界是鲜活的,复杂的。不管是申报者,还是评委会专家,都是有理性、有情感的凡夫俗子。基于自身效用最大化的考量,他们都有把原则性和灵活性结合起来的内在激励。尤其是评委们,更乐于变通制度,也有能力变通制度。于是,在实际的评奖过程中,灵活性取代了原则性,非正式规则取代了正式规则。评奖行为与评奖初衷渐行渐远,并最终南辕北辙了。人们批评中国大学的研究成果评价机制存在着严重弊端,不是空穴来风。

笔者没有做过评委,本来没有资格对大学的科研成果评奖说三道四。但是,笔者有幸认识几位评委,耳闻过他们亲历的评奖故事,略知圈里的一鳞半爪。笔者愿与读者分享这些珍闻,共同感悟中国大学的评奖文化。

那就先看看学院层次的评审吧。大学里的学院(眼下有些学院的系也叫学院,准确地说是二级学院)是一个基层学术单位。不管什么层次、什么性质的评审活

---

* 作者系中国人民大学经济学院博士生。

动，都需要经过学院这个层次的个人申报、审核或推荐。学院是全部评奖活动的基础环节。学院推荐的评审结果直接关系到整个评审的质量。然而，学院却是一个地地道道的“熟人社会”，人际关系错综复杂。评委们琢磨得最多的不是科研成果本身，而是申报人的身份、背景以及同自身的利害关系。因而人的因素，对学院的评审结果影响极大。

有一年省教育厅组织省属高校优秀科研成果评奖，分配给某学校5项指标。（如果学校“公关”得力，有可能争取更多的指标。学校科研处的一项重要职责就是做这种“公关”。）为了从全校数以百计的科研成果中，挑选出最能代表学校科研水平、在省厅评审中最有竞争力的优秀成果，学校要求下属的十几个学院各推荐一项。学校在下达推荐通知时，专门出台一个文件，并特别强调这是展示学校科研水平的大事。各学院务必按照文件精神，严肃、认真、负责地工作，把学术水平最高、竞争力最强的成果推荐到学校。

学院接到学校文件后，第一步是向全院教师传达学校的有关文件，宣布学院推荐委员会的人员组成，并鼓励大家积极申报。按照学校文件要求，学院必须组建一个5~7人的评审推荐委员会。其成员由院长、副院长和几位系主任、教研室主任等出任。某学院当时有5篇论文和1部专著申报这个奖项。按照评审会议的工作程序，推荐委员会的成员须首先分别审阅这6项成果，提出个人评审意见，再集体议论，最后进行投票表决，赞成票最多的出线。学院的推荐会议限定在半个工作日内。在如此短的时间内审阅6项成果，并提出中肯的意见，不仅时间不允许，而且也不符合经济人的理性选择。因为学院的推荐工作是没有报酬的（有时有点象征性的报酬）。在这种情况下，任何一位委员都没有内在激励去仔细研读成果原件，完全按照学校的评奖制度办事是极不现实的。一个变通的做法，就是主管院长先根据成果出版或发表的期刊档次和社会反响等，提出一个参考性意见，然后让委员们围绕着这个意见讨论。因为其中有一篇论文是一位副院长申报的，尽管他根据回避条款没有参加会议，但大家还是“公认”这篇论文最好，所以很快就表决通过了。学院的推荐会议用了不到两个小时。问题是，学院推出的这篇论文是不是这6项成果中最优秀的，能否代表本学院的科研水平，到学校中是否有竞争力，与会的委员们谁也不敢肯定。因为除了这位介绍情况的主管院长，其他委员谁也没有从头到尾地研读这些申报材料，谁也没有对这些成果进行过认真的比较和鉴别。

说句老实话，即使你全部阅读了这些材料，也不见得就能做出公允的评判。这不是说评委们没有水平，而是因为社会科学（笔者不了解自然科学）本来就是见仁见智的学问,不可能有大家都普遍接受的所谓统一标准。有些经济学诺奖得主的论文被编辑部屡屡退稿,就是明证。另外,现在知识也高度分工和专业化了。某个委员都有自己特定的专业,而这些申报的论文和专著,则涉及了不同的专业。要一位专家对专业外的研究成果发表中肯意见,显然是强人所难。从这个角度看,学院采取变通办法处理,也是不得已而为之。

顺便提及,在学院这个层次,其他类型的评审会议,如课题立项评审、优秀课程评审、优秀学科评审、特色专业评审、学位授予权评审、荣誉称号评审等,其运作程序和评审结果也大体如此。胜出者多数是院长或主任。没有管理职务的普通教师出头是相当困难的。这就是所谓的"马太效应"。当然,如果你有特殊背景,胜出也不是不可能的。例如,有一位普通教师,虽然写不出论文,但每年都可以拿到省厅或省规划办的课题。因为他的一位什么人就在省里主管这件事情。

尽管学院层次的评审规则已经走样,但我们不能由此得出结论,断言学院里的平民百姓就永远没有出头之日。事实上,现在的院长、主任初出道时不也是平民百姓吗?只是在相对意义上,院长、主任比一般"老百姓"具有优势。如果你确实非常优秀,比院长、主任明显高出一大截,还是有可能脱颖而出的,只不过时间长点,难度大点而已。至于特殊背景,那是极少数人的专利,普通人不可企及。可悲的是,这种背景是可以"购买"的。如果你有资源与之交换,没有背景也有可能变得如同有背景。这就是人们常说的:"没有关系找关系,找了关系没关系。"

接下来再看看学校层次的评审。就科研成果评审来说,学校层次的评审会议有两类。一类是评审和决定校级科研成果奖项。另一类是评审和推荐参评更高层次评奖的科研成果。两类会议性质有所不同,但运作方式基本一致。学校的科研成果评审会议由学校常设的学术委员会组织。校长是这个委员会的主任委员,副校长、学校有关职能部门的负责人和各学院院长出任委员(一般教授无缘这个职位)。学校学术委员在评审科研成果时,面临着学院评委会同样的问题,而且更为突出。因为,参评成果涉及的专业更多,领域更广泛,委员们的专业知识和判断能力相对更匮乏;参评成果的数量更多,评审时间相对更紧张;委员们对参评成果本身知之更少,发言更没有"底气"。

在这种情况下,学校学术委员会也必须变通。一般做法是先把专家和成果按大的学科门类分成几个小组,如经济学组、管理学组、文学组、理学组、工学组,等等。各小组委员对相近专业的成果进行审阅、讨论,并由组长在全体会上提出评审意见。然后,其他委员适当补充。按照规定,校学术委员成员不管来自哪个学院,都

应当保持中立性,站在学校的立场上工作,不能为本学院代言。但是,事实上,各学院的委员在发言时,都在为本院的参审成果做宣传,拉选票。学校的评审会议,变成了各学院的广告平台。更有甚者,还有一些委员搞院外活动,几个学院达成攻守同盟,相互承诺投赞成票。

校学术委员会的成员较多(有的多达21人),其学术背景、个人偏好、人际关系及其对成果的认知,都极不相同,因而在表决投票时,很难形成统一意见,表决结果往往需要经过多轮投票才能产生。有时投票根本出不了结果。例如,有一次向省厅推荐优秀学士学位论文,委员们多次投票也达不成一致。最后会议不得不放弃表决,授权教务处会后根据情况相机处理了事。

有时,校长也会适当引导一下。例如,在一次推荐省厅一等奖时,指标只有一个。但投票结果总是两项成果不分伯仲,谁也过不了三分之二。为了不"浪费"这个指标,校长提议用口头方式表决,即变匿名交往为知名交往。一位评委首先提议某项成果,校长马上附和。唯校长马首是瞻的委员立即附和校长的意见。没有特殊利害关系的持中间立场的委员也迎合校长表态赞成。持相左意见的委员,碍于情面,只好默认(也有极少数委员发表相反意见)。于是,赞成票很快达到三分之二,结果出来了。其实,如果这位委员首先提议的是另一项成果,校长也会附和。结果会是另外的样子。对校长来说,这两项成果都能展示学校的研究水平,上哪一项都无所谓。但对于当事人来说,一等奖和二等奖却有天壤之别。

有时,为了打破僵局,校长有时也会直接表明自己的观点,影响表决结果。例如,有一次评审会议需要推荐N项成果,但最后一轮投票出现了两个并列第N,多出了一项。会议已经持续了半天,快到下班的时间了。校长(包括多数委员和工作人员)不想再来一轮投票,就直截了当地说,某成果是学校重点学科的,建议该成果先上;另一项成果也不错,但名额有限,可否牺牲一次。最后还一再强调这是个人意见,最终还要请评委们决定。多数评委自然同意校长的意见,出局成果的院长也只好认了。在会议圆满结束前,校长对这位有"大局"意识的院长褒奖有加,并允诺以后会给以补偿。至于这位院长回去如何交待,人们无须多虑。

非常有趣的是,有一位大学校长特别钟情成果评奖。不管什么层次的评奖他都申报,并且总能荣获校级成果一等奖,还得过多项省、部奖项。具有讽刺意味的是,这位校长刚退居二线,还没有正式退休,再申报学校成果奖时,连三等奖也没有拿到。这不禁让人想起"人一走,茶就凉"那句老话。

最后看看省、部层次的评奖吧。省教育厅每年都要对省属高校上一年度的研究成果进行评奖。省里有上百所大学,参评的成果数量多,涉及的学科门类齐全,成果的形式复杂多样,评审任务非常繁重。为了提高效率,省厅除了成立一个由若干人组成的评委会外,还同时成立若干学科组。省厅把奖项指标分解到各个学科组,评委会只对学科组的意见加盖图章。这样,省厅的评奖实际变成了学科组评审,学科组组长大权在握。学科组成员多的5人,少的3人。有一年评选优秀博士、硕士论文。经济学学科组有三名成员,分别来自省内的三所高校。其中组长由X大学的经济学院院长担任。这位组长是评奖"专业户",经验丰富,办事效率非常高。学科组会议原定两天,他只用了半天,就把任务胜利完成了。他的高招是,先把奖项指标分配到学校,再在学校中确定具体获奖成果。省厅分配给经济学组三个二等奖(没有一等奖指标)和若干个三等奖指标。他提议二等奖分配给学科组成员所在的学校,三等奖在所参评学校中平均分配,略有差别。这样,Y大学的某研究生已经考入X大学读博士,给他一个二等奖,两个大学都有光彩。C大学校长指导的研究生也理所当然地获得了二等奖。此外,Y大学把分得的三等奖授给了研究生部主任指导的一位研究生。奖项很快就确定了。然而,申报成果的具体内容和研究水平,三个委员都不甚了了。

学科组成员是从专家库中随机抽取的,而且开会的前一天通知。一般申报人想找他们走后门是比较困难的。这在一定程度上保证了评委的中立性和评审的匿名性。但是,如果省厅里有人事先打了招呼,学科组还是会"通融"的。比如,某位领导或工作人员找到组长,请关照某某,至少可以得个三等奖。所以,每次开会的前夕,省厅的工作人员都会接到许多的电话,接待许多的来访者。每个人手里都攥着一大把条子。当然,也有些人会事先知道评委人选,提前做好"公关"。有一次听一位老师说,他的一篇论文同另一篇论文在同一期刊上发表,可是他的论文没有获奖,另一篇却获奖了,感到不可思议。其实原因很简单,后一篇论文的作者事先同评委打了招呼。

至于省里的评奖,基本上是知名交往。一等奖获得者总是那些享有盛名的人。个中原因,不言自明。

现在,我们就可以解释,为什么中国的大学中官本位现象特别严重。也可以解释,人们为什么要低三下四地阿谀奉迎权贵,千方百计地打通"关节",学术腐败风盛行。还可以解释,为什么人们一旦有了那么一点点权力,就趾高气扬,为所欲为,不可一世,沦为"学阀"、"学霸"。在这个世界里,你的成果获奖了,没有什么值得炫耀的;你的成果没有获奖,也不必郁闷烦恼。笔者个人的态度是,不参加评奖也罢。

巴特尔教授的迷宫游戏

许文彬*

约伦·巴泽尔(Yoram Barzel)教授是西雅图华盛顿大学的资深教授，年已耄耋的他早已退休，但在素以办公室紧缺著称的华大经济系 Savery 大楼顶层却为他保留了一间硕大的、可以晒得到太阳的办公室；而年老体衰的教授也几乎每天都来，除参加一些他感兴趣的 seminar 外，他的大部分时间就是坐在他办公室里那张宽大的靠背椅上想问题、写东西、或者与他认为合适的人谈他感兴趣的那些话题：企业、国家、信息和一价定律。办公室四壁立的大书架里插满了书，最引人注目的是各期《美国经济评论》(AER)，五六十年大概码了有三层，大多纸质都泛黄了，但却不见什么灰尘，可见教授时常抽出翻看。我好奇地问过：这么多书你是否都看过？教授笑了笑说，他只看一些他感兴趣的文章，其他的他看不懂。教授对他不感兴趣或不以为然的东西常是冠以"看不懂"的头衔的，譬如我就不止一次听他说过他看不懂博弈论；但当我读了他的近作"Prince Theory: Replacing the Law of One Price with the Price Convergence Law"后尝试用重复博弈模型来重新讲述他的故事时，却惊奇地发现他对这一理论的理解恐怕会比许多自称的博弈论专家深入得多。

每年5月天气转暖时，教授都会邀请一些谈得来的同事到他在 Bellevue 的家中晚餐聚会。教授的夫人 Dina 是位艺术家，因此在这类聚会中教授会偏离他钟爱的"纯经济学"话题聊聊音乐、艺术或者其他琐事。也是在这次晚餐聚会中，我自 Dina 处得知了教授的一件被称为"迷宫游戏"的逸事。教授1961年自芝大毕业后来华大任教，彼时教授夫妇只是穷学生，生活清贫，赁屋而居。某年圣诞期间诺斯

* 作者系厦门大学宏观经济研究中心研究人员，2006年3月至6月以交流学者的身份访问西雅图的华盛顿大学。

(Douglas North，那时也从教于西雅图华大）遍邀系里同事去他刚搬的新家里聚会。诺斯谈起他给三个小孩买的圣诞礼物“迷宫游戏”(Labyrinth game，类似于微软的排雷游戏，玩家进入迷宫后应尽力避免掉进“陷阱”里，躲避的陷阱越多，得分越高)，称该游戏很难，他们全家没人能够得高分，并开玩笑说如果任何人能得到60分他将把这所全新的住宅举以相赠；——这在诺斯而言当然不过是为强调该游戏之难玩而随口开的一个玩笑而已。于是所有与会者轮番上阵，但不出预料地都一一败下阵来。末了教授上了，同样未能成功。这事本就是茶余饭后的消遣而已，没有人把它太当回事，玩过了不成功也就罢了；但在凡事认真专注、从不轻言放弃的教授而言则不同。他捡起游戏，继续玩，一遍又一遍地进入迷宫、掉进陷阱、失败、再进入、再掉进陷阱、再失败。Dina想劝止，教授抬起眼睛很严肃地问：“你想得到这所宅子吗？”Dina当然想，于是教授又埋下头去继续玩。直至所有人都散了，偌大宅子就剩教授夫妇和诺斯一家。Dina十分尴尬，只得再次提醒教授：“主人们可能要休息了，还是算了吧。”教授这回只抬起眼看了看她，又看了看诺斯夫妇，一言不发，再次低下头来继续玩。就这样，在Dina的尴尬不安中又不知过了多少时间，终于，在满屋子的呵欠声中教授将游戏成绩推进到了60分。当然，戏言只是戏言，诺斯教授即便读过季布的故事，也不会真的千金一诺送掉宅子。讲完这故事，Dina揶揄地看了眼教授说：“最终他并没有得到那所住宅……”

“迷宫游戏”于教授而言远非一个茶余饭后的谈资，事实上，他几乎将任何事都视为一场迷宫游戏，一旦进入游戏，他总会不懈努力，直至最终实现他预先定下的目标，而不在意这个目标在旁人眼里看来是否值得、实现目标的过程有多么漫长和艰苦。众所周知，企业理论自科斯(1937)的经典论文发表以来至今，在经济学的领域内已算得是一块久经犁耘的“熟田”，且不说著名的科斯定理、Alchian & Demsetz的团队生产理论、Williamson (1975) 和 Klein, Crawford & Alchian (1978)的准租概念，即教授本人，对企业的横向和纵向结构也早已有了一些广为学界接受的、堪称经典的论述(如Barzel，1982；Barzel & Suen, 1997)。但在他的心目中，这局迷宫游戏至今仍未出现可以让他心安理得地退出游戏的60分高分，于是，他重新抄起游戏盘，继续出发。我到华大两周后，教授就以他惯有的迫切而期待的态度给我厚厚的一摞论文打印稿，嘱我读后给他意见。我初看时见题目是“Firm: Its Size and Its Internal Structure”，颇不以为然，心想这么古老的课题了怎么还在做。但刚看完第一句“企业发挥三项职能:其一,集合资本为工人行为保证……”就被越来越深地吸引住了。嗣后在华大的两个多月时间基本上都用于细读该文(当然,还有它所涉及的诸多重要文献),与教授的每周例会也变成对论文某部分的拓展化或深入性讨论。如是进行了三数周后,我开始惊讶地发现,无论我的拓展性意见和想法。(从第三次开始,我就将每周在讨论前先给教授发的意见命名为“Wanderings”,以示我的意见不再是针对他论文的 comments，而是仅以他论文为联想出发点的、节外生枝的“胡思乱想”了。)多么稀奇古怪,他几乎总是能给出一些深思熟虑的分析，并纳入他论文的构架之下。随着我们的讨论越加深入,这种现象愈发明显。终于有一次我忍不住表达了一下我的敬佩之忱，教授却不以为然:“三十多年前我就开始考虑这个问题了，当然想的可能比你多一些。”我愕然反问:“我还以为这是您的新作呢！”教授答:“你读到的确是我的新作，某部分是前两周才重新修改过的，但某部分及某部分是三十多年前就写好了的，最新改稿我明天发给你……”我还道听错了,难以置信地加问了一句:“你是说你三十多年前就开始动手写这篇论文，直到现在？”教授修正道:“事实上我是在 40 年前开始动手的。”一篇论文,40 年!我顿时觉得手中捧着的那叠稿纸格外沉重，于是冒昧地建议:“或许你应该找个地方发表了。”教授不以为意地笑了笑说:“或许罢,在我写完它之后……”次日，我果然收到了教授发来的论文的新一版改稿。事实上,我在华大期间总共收到过 4 稿:3 月 20 日稿、4 月 13 日稿、5 月 4 日稿、5 月 27 日稿。我不知在长达四十年的撰写过程中教授是否都是以这样的频度来不断地修订他的论文的，但显然我读到的任何一稿都是经过了数以百次计的增删修补后的结晶。在企业理论这局肇始于科斯的迷宫游戏里，教授同样成为他同时代玩家中坚持到最后的一位。什么时候他才能真正“写完”这篇论文；目前是否已达到 60 分的水准；我不知道，这标准大概只存在于教授心中罢。但从他至今仍不断进行着的修订看,论文还未写完,目标仍未实现,游戏仍将继续。

“迷宫游戏”事件 43 年后,教授再次面临类似的游戏，只不过这次的赌注不再是一句送宅子的戏言，而是他自己的生命。这一次,他又赢了。2004 年 7 月，教授因十二指肠溃疡出血去医院做了两次手术，但术后病况不仅没有好转,反而急剧恶化了,一周后他被送往医院做第三次手术，这才发现原来是五块医用海绵在上次手术中因医师的失误居然未从其腹中取出！海绵腐烂后有毒细菌进入他的血管和体液，进而感染了几乎所有重要器官，肾、心、肺及其他重要器官都处于中毒性休克，大量内出血、胆汁溢进肝脏。病情十分严重，院方明确告知Dina治愈的概率甚低，即便最终痊愈了，其对身体、对头脑的损伤也将是十分巨大的。在这种情况下，医药和治疗大抵只是尽人事而已。在嗣后的三个月里，教授始终人事不知。在这次的“迷宫游戏”里，他似乎已掉进了陷阱，一局游戏眼看要就此结束了。然而，出乎所有人的预料，他最终还是没有被死亡的迷宫陷阱所吞噬。或者如Dina所说的，他是这么的巨大，以至于死亡迷宫里的陷阱都显得太小，不足以使他万劫不复地陷落其间。三个月的休克后，他苏醒了。泪眼婆娑的Dina凑近他耳边说：“I miss you.”教授艰难地抬起手在身边的拍纸簿上写了四个大字：“I MISS ME, TOO.”不仅他的身体回到了人间，他的睿智而童心盎然的头脑，也随他一起回来了。在三个月的昏迷中，我们无法知道他多少次以他一贯的坚持牢牢地握住生命之手，多少次艰难地从那一个个深不见底的死亡迷宫陷阱里挣扎而出；我们所看到的只是苏醒后他立刻迫不及待地投入到身体和头脑两方面的恢复中。在康复中心安排的严格体能训练下他迅速恢复了各种身体机能（一年多后我初见他时他基本上已行动如常，每天开车上下班，只是走路有点佝偻、步履缓慢）；与此同时他在病榻上读了许多书，并如孩子般迫切地想与人交谈。（我不想给教授戴什么病中坚持学术研究的高帽子，事实上，对于以阅读和思考为终生兴趣的人如教授者，阅读是一种如穿衣吃饭一样的本能，是其恢复脑细胞活跃程度的途径。）在从死亡迷宫陷阱里爬出来的仅仅两个月后，2005年1月初，Dina陪着教授回到了他们阔别了半年的家里。在这次艰辛的游戏中，坚持不懈、永不放弃的意志再次为他赢得了辉煌的完胜：从死神手中，他不仅赢回了自己的生命，也赢回了自己的头脑——他再次获得了60分。

在经济学停止的地方，思想前进了

陆 铭*

经济学中技术和思想之间的关系与艺术中的技巧和灵感之间的关系本质上是一样的。2006年的春天，我读到顾城谈诗的文字。他说："技巧是重要的，但它永远不是主要的。""你以为自己写得很美了，联想很奇特了，很聪明了，你反而就看不见诗了。我明白了这一点，我从痛苦中解脱了出来。""在语言停止的地方，诗前进了；在生命停止的地方，灵魂前进了；在玫瑰停止的地方，芬芳前进了。"在与陈钊谈到这些时，他评论道："在经济学停止的地方，思想前进了。"

先来谈谈经济学和数学。首先我要为我接下来讲的东西提供一个前提：数学，是非常重要的。如果我不讲这句话，读者就会误解我是一个不喜欢数学的人；其实我非常喜欢数学，至少在十年前，我肯定是我的同学中的数学派。我们现在的学生不会不知道数学有多重要，因为数学作为一种科学化的工具，它能告诉我们，我们的结论怎样才能严密，分析怎样才能变得可操作。更为重要的是，数学的功能在于它能够帮我们得到一些凭直觉得不到的结论。

直觉和数学到底什么关系，经济学家们是取得了共识的。在经济学里，直觉非常重要。有了直觉以后，在做一个数学模型之前，应该在脑子里面有一个故事和逻辑，用数学把这个故事和逻辑写下来。数学的确可以帮助你得到一些结论，但百分之七十甚至百分之八十的结论，可能你在写数学之前就已经知道了；确确实实有百分之二三十的结论，如果你不写数学可能你就不知道，或者知道得很模糊。为什么这样说？回过头来想想看模型的起点问题，如果你相信仅仅依靠数学可以帮你把经济学解释清楚，那我就要问，你的起点是哪儿来的？当你去写你的数学的假设时，当你去假设人的行

---

* 作者系复旦大学经济学院副教授。

为决策模式的时候，当你去假设模型中的市场结构的时候——是用垄断的市场结构，还是完全竞争的市场结构？在不在你的模型里放政府？——实际上你要做的是用数学来表达一个你对经济现实的认识。如果你说我对这个现实没有认识就直接写数学了，那非常危险的一个结果就是你的起点就错了，于是你的结论不可能是对的，哪怕你数学上非常花俏。在前一段时间，我在给《经济学家茶座》写的一篇卷首语里说过，我们现在很多学生做论文，数学全对，但是跟经济学没什么关系。其实我讲的就是这样一个现象，我们很多同学不大去问所写的经济模型中的假设是否正确捕捉了经济现实中的重要结构和参数。

接下来我还要特别讲讲“数学之后”的问题。很多同学在学经济学理论的时候，特别地注重数学本身。这不是错的，但我要提醒的是，你们把数学推导完了，有没有想过在数学逻辑的背后，它的故事是什么，它的经济学含义是什么？这往往是同学们所忽略的。在学习和读论文的过程当中，如果你们忽略这一点，你们学到的就只是数学，而不是经济学。要知道，在数学层面上，只要动一个小小的假设，就完全可能得到不同的结论，因此，脱离经济学机制而存在的数学结论是毫无意义的。所以，当你在读文章的时候，看到一些被“证毕”的结论以后，你一定要再问一步，这个结论背后的故事和机制是什么。你把那个故事解释清楚了，才是学到了经济学。

事实上，每一次“在经济学停止的地方”，前进的都首先是思想。当代的经济学研究越来越关注社会和政治的维度。经济学里有“比较经济学”（Comparative Economics）这样一个学科，它的产生，实际上就来自于苏联革命获得成功以后，苏联作为一个新的共产主义的社会形态跟资本主义社会形成了对比。比较经济学产生的背景，就是经济学家试图解释是不是存在着另外一个体制——比如计划经济体制——可以在经济的增长上获得比现代西方式的市场经济更成功的绩效。这成了从20世纪30年代起比较经济学研究的主要问题。后来，苏联由于和美国的军备竞赛，经济上被拖了沉重的后腿，计划经济又非常低效，政党政治也出现了问题，苏联解体了，接着东欧也剧变了。从学术研究来讲，经济学家终于明白了，计划经济是不可能比市场经济更好的，其最重要的原因就在于，计划经济在处理信息的能力方面比市场经济差。经济学家发现，传统的比较经济学好像没有存在的必要了，因为比较的对象之一——计划经济已经退出历史舞台了。此时，经济学界兴起了一个新的研究分支，即所谓

“新的比较经济学”。

什么叫“新的比较经济学”呢？新的比较经济学就把人类的市场制度划分为很多类。在2003年Journal of Comparative Economics的一篇文章里面，哈佛大学史莱弗教授等把人类社会制度的形成理解为控制无序和控制独裁之间的权衡。他们提出，完全的自由也会带来混乱；而独裁虽然不好，会使人丧失个人尊严，但在控制社会的混乱方面却有优势。通过这样的区分，他们发现，其实人类在自由民主与独裁间进行选择要视每个国家的特定情况。如果对这个国家来讲，控制社会的混乱特别重要，这个国家很可能就选择一个偏独裁的制度；如果这个社会混乱的问题并不大，它很可能选择民主政治加自由市场的制度。在这篇文章中，他们提出，不同制度的存在可能有其合理性。在不同的市场经济体制下，每个国家有不同的社会和政治结构，是否可能有一种社会、政治结构比另一种更好？这是新比较经济学问的基本问题。

很自然我们接着要问政治结构的问题，因此就要提到新的政治经济学这样一个分支。在20世纪七八十年代，由布坎南为首的经济学家对政治经济学有过很大的推动。当时政治经济学的发展主要是把经济学的理性行为假说引入到政治家的行为和政治过程的分析里面。现在的新政治经济学的研究，更多是基于一个经济的特定的政治结构来看它对经济绩效的影响，比如有学者在研究，在不同的国家里面，大家都是民主制，但投票的机制是不一样的，有的国家是代议制，有的国家直选，那么不同投票方式、不同的政治制度对于不同国家的经济增长是不是有影响呢？这是现在政治经济学关注的问题，也与前面提到的新比较经济学有关。

我们接着来看社会的因素为什么重要。我要给大家介绍两个重要的概念，一个是社会互动(social interaction)；另一个是社会资本(social capital)。在目前既有的经济学主流理论里面，每一个人都是单独行动的个体，每个人或企业最大化自己的效用或利润。大家发现，这样的人并不是真正地处在社会过程当中。每个人都是独自做决策的。这里面有没有不同行为人之间的互动呢？在新古典经济学的范式里面，所谓人与人之间的互动是借助于市场价格产生的。比如说在资本市场上，由于全球的资本市场是统一的，我在资本市场上买卖股票，实际上是在与处在地球另一端的美国人在互动，当他买卖股票的时候，会影响股票市场的价格，而价格信号会传递到中国来，于是我在中国根据这个价格信号买卖股票，实际上已经跟处在地球另一端的美国人发生了互动。在这样一个分析范式里,首先,空间是不重要的。只要市场不是完全分割的,那么不同的人之间就可以互动了。

但是大家发现,在现实生活中,我们每个人的行为无时无刻不受着周围人的影响。比如说在座各位,你们每天的行为就在受到你们周围同学的影响。如果在一个寝室里有两三个同学喜欢打游戏,剩下的同学也可能跟着打游戏。不管从偏好的变化、信息的获取、生产力的提高,还是人力资本积累的过程中,其实你都无时无刻不受别人的影响。这种影响在传统的经济学中是不受重视的。2000 年贝克尔和默菲的一本《社会经济学》的书里讲道,社会的互动作为现实生活中重要的经济现象,长期以来社会学家和人类学家就提醒经济学家应该重视这一现象,但经济学家一直不重视,这可能是因为别的学科没有发展出一套强有力的分析技术,来让经济学家重视。这实际上是一个借口,经济学家有"强有力的"技术也没有去关注它。

我要说的是,经济学正在变化。最近的十年里,社会经济学(social economics)的研究正在成为西方经济学研究的新的热点。而其中的两个主要研究方向是:第一,在理论建模的过程中,把人与人的影响考虑进来,看人和人之间的互动怎么影响经济的绩效;第二,在实证研究中,要验证我们认为现实存在的人与人之间的相互影响是不是真的存在。比如说在教育经济学里很多人在研究,同群效应(peer effects)是不是真有呢?这是构成教育经济学理论基础的重要问题。社会经济学还提出一个有政策意义的概念,社会乘数(social multiplier),人和人之间因为有互动,政府只要对一部分人实施政策,它的效果就会通过社会乘数年不断放大。社会乘数是否存在,是在实证研究中的前沿课题之一。由于社会的互动总是与一定的空间范围联系在一起的,因此,空间的重要性在经济学理论中被再次提出。

在引入社会互动后,经济学里加入了空间这一维度。我要特别提醒大家注意另一个新的学科,即新经济地理学。我个人认为,新经济地理学与社会经济学一起,是把空间这一概念引入到现代经济学研究里的非常重要的学科。新经济地理学关注的重要问题是,经济的发展过程中有空间集聚现象。比如说,在工业发展的过程中,大家为什么都希望到沿海的地方布局自己的厂?原因很简单,因为沿海地带已经有了很多企业,有了比较好的制度和基础设施,有了比较好的人力资本和市场,于是企业在那里聚集就能获得收益递增的过程,从而引导企业不断向工业集聚地集聚。新经济地理学

因而也引入了空间的重要性。经济学从新古典经济学出发，有两波非常重要的革命,一波是引入时间,产生了动态经济学。我想,在社会经济学和新经济地理学中重新重视空间是经济学的又二波革命。

经济学的发展也是经济学分析技术的发展，但引导分析技术发展的仍然是思想，反过来说，离开思想的引导,技术的发展就成了数学。对于生活在中国，每天思考着中国问题的同仁们，明白技术与思想的关系是非常重要的。林毅夫教授有一次在接受《解放日报》记者采访的时候讲道:“一个好的经济学家，必须对中国的历史、文化、社会有深刻的了解。因为经济现象总是发生在活生生的现实中，由于发展阶段、文化传统、社会制度不同,在西方必须保留在理论模型中的变量,在中国不见得重要；在西方可以舍掉的变量,在中国不见得就不重要。一个变量到底重要不重要，不能从数学模型的推导中得到，只能从个人对社会的了解中得来。如果人文素养不足,就很难掌握住这个时代给予我们的机遇。”他讲到的“一个变量到底重要不重要，不能从数学模型的推导中得到”,和我刚才讲的是一个意思。从这个意义上讲,数学到底重要不重要？重要,但离开了数学之前的观察、积累和对于经济的理解,光有数学是远远、远远、远远不够的。

就在我整理这篇文的时候，我读到萨缪尔森发表于 1952 年的一篇文章《经济理论与数学—— 一个评价》,他在文中说,“数学是语言，……基本上,在经济理论的表述中,数学不可能比散文体文字更糟糕,同样,数学也不可能比散文体文字更优越。因为,在深层次的逻辑上（抛开所有策略性的和教学的问题）,这两种手段,即数学和散文体文字,是严格一致的。”他还说,“数学既不是使经济理论卓有建树的必要条件,也不是其充分条件。它可以是一个辅助手段。当然它也可能是个障碍，因为它太容易把一个优秀的文学性经济学家变成一个平庸的数理经济学家。”

经济学的语言、生态与文学气质

江金彦 *

经济学注定是一门“沉闷的科学”吗？为什么会这样说呢？经济学文章越来越难读大概是一个重要的原因。也许每个研究或学习者都不希望这样，但事实上每个人又都在努力将其推向如此境地。

作为一门社会科学，经济学在发展过程中不断创造新的概念，丰富了人类的认知，同时也带来众多可资朗诵的历史和诗意的文本。亚当·斯密《国富论》赏心悦目，《道德情操论》则是美文。评千年人物时，英国人认为马克思《资本论》即便作为文学作品来阅读也是非常优秀的。直至上世纪50年代，经济学文章中有公式符号的也还不多。而今“像样”一点的经济学期刊中，无不“蝌蚪”满天飞，一般读者望而生畏，即便训练有素的研究人员也时有感叹。自经济学的马歇尔时代始，物理学即以帝国主义的姿态大举入侵经济学，均衡、优化、热力学等思想纷纷涌进。从而，数学方法长驱直入：几乎所有数学工具都能在经济学中找到被应用过的痕迹。博弈论的出现改变了局面，作为一种思维工具，它和经济学形成了最紧密的结合。自其改写了经济学之后，经济学有了反攻的力量，开始入侵其他社会科学了，博弈论是其最坚实的理论基础之一。这是经济学话语的简史。

学界常为经济学是否被过度数学化而争论，这是一种浅近的说法，应该说经济学是否应被过度形式化。尽管时有一股反形式化的浪潮，但正是形式化使得经济学家成为社会科学家中的明星了，得以享庙堂之高。所以经济学家乐于依靠数学，以复杂之术屠龙，而无视观众的畏惧。他们提高了经济学的所谓“科学化程度”，然而也使得经济学不断远离了“道德文章”。经济学不讲道德，未必不让经济思维退化为动物语态，经济人的不讲道德若不断被强化，将无可挽回地培养出成批经济动物。几乎所有学科在科学化、现代化途中都面临此困境。

形式化语言离自然语言并非很远，事实上，没有什么不可以用自然语言来表达的。垂名青史的文章大都是自然语言或历史语言写就的，要想影响大众就只能如此，而不论诺奖表彰的是文字还是符号。然而，经济学还是逐渐脱离了大众，成了一件象牙塔里的器皿。在光怪陆离的经济学面前，大众渐次成为“沉默的大多数”。

---

* 作者系江西财经大学讲师、上海财经大学经济学院博士生。

也许有人会这样认为,经济学本真就不是一件大众化的东西!但经济学尽管被称为科学,是社会科学的皇冠,事实上却一刻也离不开意识形态。既有意识形态,就离不开大众的参与。研究者大概不喜欢这个词,然而作为特定群体意识的意识形态的影响却无时不在。在凯恩斯看来,经济学无过于精英们的聚会。

若因意识形态而说经济学不是科学,是过度挑剔的。如果说它是科学,又为何充斥了太多的矛盾和冲突?问题还不在于科学化上,经济学本质上是一门充满价值判断语言的学科,语言歧视、话语权争夺一刻不曾停过。

就语言而论,文章难看懂是一个问题,但问题更大的是人,思想需要人去诠释。而今经济学学科内容庞杂、领域众多,穷尽其一支且难,何谈一通百通。知识存量已如此之多且在无尽地增加,进入任一研究领域门槛高的甚至连接受过普通高等教育的人都无法企及。所以,经济学需要“家”来沟通大众。还在上世纪80年代,国人少有机会知道何为经济学家,偶尔听到也会肃然起敬。而21世纪之始,说起经济学家,凡人无不像遇到臭豆腐一样。我国经济学学者无计其数,称名称家者也如过江之鲫。其中最为耀眼的自然是所谓主流经济学家。国外有主流经济学,其产生、发展、衰落与变迁无不是和知识的积累增进相关,倒很少听说国外有什么主流经济学家。主流经济学家一词实属误会,应该说是官员经济学家,官员与学者是其复合的身份。中国习惯以吏为师,大众格外注意倾听官员们的声音也是自然。这些主流经济学家又多全知全能,但有热点要点,总能看到一些熟识的面孔。不管是金融证券、国企改革、公共事业还是三农问题,信手拈来,不乏精妙之论。可惜经济学家不是领导,领导讲话都关乎国计民生是重要的,而经济学家这样则徒遗笑柄。

经济学家何以如此?首先与国人相信“家”,崇尚威权有关。大众钦慕精神领袖式的人,全知全能、超越人性的人。因此,中国的“家”很玄妙。一个能成为“家”的人,至少能立德、立功、立言。立言是本职工作;至于立功,解决经济或经济学问题固然必须,而数千年来大家都习惯了以吏为师,当官更重要;学者立德,大概就是能形成影响社会的学术理念。然而,这些颇难成为普通研究者的事情。理论在于传达圣人的声音,因而学界强调要建设中国的经济学,唯此才能满足需要、得心应手。人类现有的智慧未必能解决中国的问题,但因此而去否定一般的道理怕也未必合适。文艺复兴式全知全识的人物几不可再现,孔子、耶稣等精神领袖亦不可重生。尽管媒体能制造出足够多的知名人物,名人如不谨慎则流毒匪浅。

学者个性也极相关,喜欢在学术之墙后,自况为大师。但知识未必就是智慧,挟一己之私,而漠视亿众的智慧,未免荒唐。大众在认识世界时会过度注重少数时尚者,但不会永远迷糊。研究者需要独立的人格,权力名声,人性的劣根所在,不要和学术混在一起。

经济学需要宽厚和广阔的东西,需要能包容的胸襟。文化中不乏文人相轻的传统,有否定一切的批评与辱骂,也有喜欢服从威权上下相隐的一团和气,但缺少真诚的表扬和肯定。

“在人类制造的日光下 / 既没有梦 / 也没有黎明”。研究者五体投地、夹道拜伏,等待西方大师们智慧的降临,希冀沐浴西方的光辉而洗去东方的尘土。在所谓主流经济学话语的强权下,最终就只剩下“五个经济学家”或明星的排行榜。狭隘与偏执易成习气,一窝蜂上,数理、计量不亦乐乎。没有学术上的独立独行,没有广阔的视界和丰富的积累,浮在表面,时下之病。研习者或生搬硬套,或狂妄偏执,要理论上一统天下,包医百病,或自以为是不负责任,莫不是道德上的自虐。

经济学家没有那么神秘高远。经济学者多,能得诺奖者少,努力做事的人多,而开宗立派、为千古圣哲的人少。学术就是如此。学界中庸碌混事、眼高过顶者不计其数,但谦虚谨慎、有良好直觉且敏于事讷于言的人也不在少数。

问题的积累总是以爆发为结局。中国经济本就由众多嘈杂的声音组成,数次对改革的反思尤其是2005年对经济学(家)的批评潮则是一股热浪。精英被批判,权威被剔除光环,思想清晰了,这是功劳!经济学发展至今,带来如此多的误解和盲动,让人感叹。学者对经济学的过度诠释与公众对学者的无限批评都未必是好事。该来的自然会来,该走的也会走掉,中国的经济学需要明天。

首先,研究者未必是学术明星。教授何其之多,能成为明星的能有几人?明星应市场而生,是被媒体和公众夸张出来的东西,如学术超人、官员学者、学者官员等等,他们是明星,不是普通的研究者。他们满足的只是大众的心理需要,而不是学术上的东西。学者只是在自己领域中收集、增进并把知识传递给社会的人。

有了研究者就要说话。经济学家思考问题建立模型的时候,首先是假设,假设自然带了选择,选择就是价值判断,尤其在这选择对象为人的时候。在私营部门工作的人们,拿的私营事业的收益,做私营企业的螺丝钉;而公共部门的知识分子拿的是公众的钱,是公共事业的自由人,是为大多数人说话的知识分子,他们应该成为公共世界的盐,防止社会的腐烂,偏到一边就该挨骂。

至于学术上的追求,自然以文章为重。文章既有光照千古者,也有合时而著者。不反对苦心孤诣向高远处求索,但也不能缺少天才成长的泥土和绿叶。光环之外默默辛苦的学者,传道授业解惑,融于大众,即是。令人害怕的是把学术和研究

神圣化。只要认真关注，能使得知识与思想有所增进，就要学术和研究。神圣化只会带来强权。知识分子以知识吃饭，一旦进入名利场中，就需放弃纯粹精神领域里的光芒。西方经院能培养一群只懂得数理的高级"白痴"，中国也会培养"问以经济策，茫如堕烟海"的儒生。和谐社会需要普通的经济学劳动者，特定领域的专才。这不是全部，做专才较易，做大师困难。做大师要有极广博的知识、深邃的思考、影响社会的见地。经济事项纷纭芜杂，不如自然科学对象单纯，经济生活中总有难以解决或难以解决好的问题。经济者关系国民利害，动辄利益相关。意识形态连独立性很强的自然科学都能影响，遑论为社会科学的经济理论。但中国确实需要自己的经济学者，执社会深沉思考之一端。

煌煌大国乘数十年经济发展之利而少有经济学家，学术生态可见一斑。社会高速进步，但离发达经济尚远，本来问题多多。这样的社会更需要深沉的思考，更应该有深邃卓越的大家涌出。马克思评议起当时的德国思想家为"外国大商行"下的小商贩。那么又将如何况喻我们这个时代呢？中国经济学不是被全盘西化，而是被全面主流化、标准化。试看西方，实验、行为、心理等学派纷呈，在我国却只能看到颇单调的主流。

首先是教育体系。没有独立和自由的根本，单一个考试制度培养了多少狂妄、狭隘和短视、肤浅的"学者"？一代人播下了龙种，收获的只是跳蚤。经济学是显学，研学者蚁聚，日益追求形式及技巧而非宽厚博识。音乐没有教好，口水歌流行街巷；语文没有教好，错别字盛行社会；而经济学没有教好，中国就只能获得恶劣的经济发展。太多的社会问题将会使一个经济的发展失去美感，而失去美感，肯定不会是一个好的发展。

其次是缺乏有公信的知识分子，少公德赖以维持的基础。未有公德，何以私德。一个人的言论是否重要并不在于该言论本身，而是在于其后的支持者和反对者。个人的言论虽不必对公众负责，但要对自己负责。一个社会不能不让人说话，思想应该是丰富多彩的。所以学术不能特殊化，尤其是不能权贵化，往往是权贵使得评定标准出现偏差。政府以民意为要，不要偏执于某种经济思想。西方政府时而也会支持某种经济思想，但知识分子有一个神圣的使命，那就是批评，这才是知识分子的天职和精神之所在。

经济学终将返魅。学术和学者的存在与其对社会的嵌入相关。社会科学是个整体，具体运用少，所以没有"巨大"主题的人几乎不可能称家。经济理论若要获得大生命，一定要有大主题。大主题不一定能或只是解决大问题的，但解决大问题确需完成对大主题深刻思考而后行动。现今最大的问题当是如何驯服和驾驭市场经济这头怪兽。在不成熟的市场经济中，成熟状况下的经济学标准也许并不那么重要，出不了那样的经济学家本来无可厚非。现在的学者们认真学习驯服与驾驭市场经济之兽的本领了吗？认真审视了社会的行为了吗？经济腾飞的中国需要经济学家，也给予了优厚的机遇，但经济学家们为减轻社会发展的痛苦做了多少？简单的市场化、发展主义化，让环境、资源、大众福利及社会心理受到了极度的考验。这样做不是没有头脑，就是不负责任。学者是解剖者，首先解剖自己，其次解剖他人。解剖自己需要勇气，解剖他人需要力量。

在经济学发达的美国，经济学家们总不断地把最新创造出来的思想和概念传播给大众，尽管如此，经济学家在美国也并不一定比其他学科的专家更吃香，且能成为思想大家的也不多，余者也不过都是些以经济学谋生的人，如凯恩斯所说：经济学家和牙医一样，职业而已。

在早期的经济学阅读中，可以看到亚当·斯密对人性致密的解析、哈耶克自由的深邃、凯恩斯浓重的英国贵族精英的气息和斯蒂格勒对知识分子深刻的解剖。经济发展距离自然越远，经济学的研究也离现实越远。经济学失去了文学的气质，也算是经济学进步中的一个不大不小的损失吧。

人类的智识由古典到现代再发展到后现代，从启蒙到理性、再到后理性，研究的范式和纲领不断转换和推进。经济学发展的并不比其他学科更快，只是"科学化"覆盖了全部。以史学为照，尽管史实和史料研究极其重要，但历史学家总会利用资料来构建自我的大厦。所以历史研究中有一个文学派史学研究，以文学的手段来表达历史研究的成果。其中著名的有房龙、布尔斯廷等，他们的作品能赢得各式各样的读者。尽管经济学中没有一个文学派经济学之谓，但经济学也不乏面向大众的畅销书。从文本到科学主义再返回到后现代的语境中去，这也许是学科成长必然的炼狱。经济学的发展终将恢复"文字"的力量，用文学的力量来滋润人类的心灵，从而让人的理智、情趣、直觉、灵感等在将在经济学研究中激发出更大的创造力，创造出更多的概念和思想，再由形式化的方式使其具备理性的基石。只有更多的经济学"畅销书"出现，才能完成这个炼狱。

而今舆论批判经院里培养的高级白痴，到处去寻觅智慧，但少有想到"沉默的大多数"。大众从来就没有沉默过，只是学者没有用心去听而已。大众不仅仅被语言所指使，他们有自己的语言。大众充满了经济直觉，他们的感受才是经济学智慧的源泉。诠释社会不只是学者的能事，也是大众最关切的事情。

让经济学成为一门可爱的学问

董志强 *

我的公寓的楼下有一个蔬菜市场。蔬菜市场的进门与公寓的进门刚好是相背的,也就是说从蔬菜市场门口进去穿过蔬菜市场就可到公寓门口。春节前,物业部门在公寓楼下门口放了一盆橘子树,上面点缀满小小的橘子,可食用。在蔬菜市场的门口也放了两盆。这恰提供了一个检验行为经济学理论的实验。橘子树是供大家观赏的,因此摘取橘子是不道德的。按照标准的经济理论所预测的,不能相信人们的道德,既然橘子树无人监看,那么结果将是橘子不可能长期挂在树上。

但是,行为经济学却有不同的解释:不同身份的人可能会有不同的道德感,他们可能有不同的行为。(阿克洛夫在 2000 年将身份认同概念引进了经济学,并说明不同身份的人会遵守他们各自的社会规范。)据此我们可以推测:公寓门口进出的是大学教师,他们的身份及其承载的社会规范使他们会自觉地不去摘取橘子;蔬菜市场门口进出的是小贩,他们的身份及其承载的社会规范使他们很可能并不会觉得摘取这样的橘子会有多大的道德耻辱感。如果这样的推测是正确的,那么不久以后,我们将就会看到蔬菜市场门口的橘子树没有橘子,而公寓门口的橘子树仍保留着原有的橘子。

一个春节过去了。蔬菜市场门口的橘子树果然没有了橘子。公寓门口的橘子树上,最底端的橘子被人摘掉了一些,但是稍微高一点的地方橘子数量都保存得非常好——最低端的橘子被摘掉一些,那是因为我们这栋公寓有不少小孩。而且我敢肯定一定有这样的事件发生:孩子要去摘橘子时被父母或其他人阻止了,要不然最底端孩子够得着的地方就应该摘完了,而不是只摘掉一些。

这是一个非常好的一个自然试验。这个自然试验也让我想到了经济学的激励理论。标准的委托 - 代理理论中,为了激励有道德风险且风险规避的代理人,委托

---

* 作者系华南师范大学经济研究所副教授,经济学博士。

人不得不让渡租金,同时还存在着激励效率的损失。但是,现实中真正的激励机制并不是完全按照标准的委托代理理论来的。如果,人们确实有不同的类型,有些人正直善良有责任感,有些人唯利是图毫无责任感,那么我们要做的并不是单纯地按照标准的理论去激励他们，也应当考虑如何寻找到更正直善良和有责任感的人,这样常常可以降低激励的代价和效率损失。更进一步,如果正直善良和责任感是可以培养的话,那就意味着如果我们可以尝试通过教育和培养让更多人具有正直善良和责任感等等品质,这样激励的效率损失就会更小。除非,这样的教育和培养代价超过激励效率之损失,才不必这样做——但就我们的生活感受而言,培养出正直善良和有责任感的国民对于一个国家的微观经济运行效率来说显然应是利大于弊。

从橘子树我们可以看到人的行为可能跟其身份联系在一起(相关经济理论可参考 Akerlof 和 Kranton 在 2000 年的 Economic and Identity 一文。)其实,不但我们自己的行为会跟个人的身份(或者说自觉,sense of self)联系在一起,而且别人也会基于身份蕴涵的社会规范对我们的行为做出预期。关于这一点,让我再来讲一个亲身经历的故事吧。

春节前,我爱人坚持要回福建过年。我们有两条线路可走,一条线路是乘坐火车去上饶,转汽车回家;一条线路是乘火车去厦门,转汽车回家。我们先订了三张去上饶的火车票。但是后来又改变主意要从厦门走。那么已经订的三张去上饶车票就需要退票或转让。我先在网上发布一个原价转让消息（因为退票只能按照70%退)。爱人说,你应该加点钱转让,平价转让别人会怀疑你卖假票。我说:“我要是加价卖出去,那不就成黄牛党了?”我心里的确是这样想的,加价应也能卖出去,但是买票的人会怎么看待我这样一个大学教师呢?（这也许就是教师的 sense of self 吧。)

很快接到一个女孩子的电话,她在东莞,正需要去上饶的车票,于是电话跟我联系。果然,她问了这样的问题:“你的票会不会是假的?”我还真没法证明我这票是真的。我说我没法证明这票是真的,但是这票确实是真的。她问为什么一定要到华师取票,我说我住在这里。她问你是干什么,我说我是这里的老师。结果她就不再问了,说三张票她要了,明天她在广州的朋友会过来取票。很显然,正是我的职业(身份)让她产生了信任感而立即做出了购买的决定。

这表明,虽然在标准的经济学假设中,没有信任可言,要使别人相信你,你就得拿出实际行动来(承担一定的承诺代价)。但现实是,我们原本就有了一些非常

廉价的传递个人类型的信号，比如我们的职业，有时甚至简单到只是一个笑容，就可以赢得信任，我们并不总是需要付出高代价的承诺行动。

标准的经济学不研究价值观，不考虑个人道德，不考虑情感，不认为人们会有良心。但是，我们在生活中却总是容易地能够（至少在部分程度上能够）判断出人们的不同价值观、道德观、情感，从而采取不同的交往策略。如果只持有标准的经济学的分析，那么我们的交往就应该是整齐划一的极度理性而显得冷冰冰的策略，但是我们在生活中不是这样。也没有哪个经济学家在生活中老是冷冰冰地对待他人。

一个人，当他出生的时候，他的父母、他的学校、他的朋友都会对他的一生产生重要影响，一个人的生活经历和社会背景常常会在一个人身上刻下深深的烙印。所以，我们常常可以通过一个人的家世、教育背景、朋友圈子、生活阅历、社会角色来预测一个人的行为——经济利益固然是一个人行为的根本动机，但是这些因素也深深地影响着一个人的行为，所以我们才有更丰富多彩的人际交往和生活方式。

最后我认为，现代的经济学研究，在注重理性假设的同时，也承认了行为假设，使得经济学研究的基石更为现实。而现代的经济学，也正在慢慢摆脱那种冷冰冰的理性分析——它也应该有所改变了——开始承认道德、情感、善良、美德、良心……虽然经济学家，乃至我们所有人，不能指望依靠良心和美德来解决全部问题，但是经济学应该承认人们（至少部分的人们）的确具有良心和美德，而且这样的人越多，经济交易也就更有效率。显然，经济学要做的不应仅是把所有人当作坏人来设计制度，它也应该告诉人们如果有更多的好人我们的状况就会更好。

社会对个人角色所赋予的规范深刻影响个人行为，这也可从 List 关于 sex（生理性别）和 Gender（社会与文化所认为的性别）之有趣的实验和 Akerlof 在较早时候（80 年代中期）对父母给孩子的价值观教育的研究中发现。如果要写又要花很多时间，等以后闲了再说。

分析与预测

——读约瑟夫·熊彼特《资本主义、社会主义与民主》

富景筠*

诺贝尔经济学奖得主托马斯·谢林在接受采访时曾毫不隐讳自己对熊彼特学术风格的不屑。他评价熊彼特为"擅长作秀"的人。与不绝于耳的溢美之词相比,谢林的批评可谓独立特出。就某种意义而言,宏大的分析视角以及对出奇制胜式经济思想的青睐,或多或少是熊彼特遭"作秀"之讥的根源。不过公允地讲,这恰恰正是熊彼特独具魅力之处。《资本主义、社会主义与民主》一书就充分彰显了这一特色。它不仅展示了熊彼特对资本主义制度兴衰、人类社会进程雄心勃勃的大胆预测,而且汇集了他在道德哲学、政治学、社会学、经济学等领域的独到见解。

如果将历史感诠释为自觉地对涉及人类发展的重大问题给予解释或判断,那么,是否具有这种历史感,恐怕便是区分经济学著作优劣的重要标准之一。依此而论,《资本主义、社会主义与民主》理应毫无愧色地自立于优秀著作之林。强烈的问题意识、步步为营的论证方法、环环相扣的逻辑演绎使得这部学术著作像侦探小说一样令人不忍释卷。资本主义能存在下去吗?社会主义是否行得通?熊彼特对这些激动人心的问题给予了毫不含糊的回答和系统严谨的论证。他认为,资本主义制度无法存活下去,资本主义经济成就不可避免地成为破坏这一制度的罪魁祸首,也就是说,资本主义的崩溃不是由经济失败而是经济成功所致。资本主义的物质文明为社会主义成为其继承人准备了条件。

乍一看,熊彼特的资本主义自我毁灭论未免让人一头雾水。我们只有把考察视角从其结论转向分析方法和逻辑脉络,方能洞悉此说精义。尽管在价值判断和阶级立场上大相径庭,但就方法论而言,熊彼特堪称卡尔·马克思的忠实门徒——他充分继承并发扬了马克思的经济史观以及历史与逻辑相统一的分析方法。他将经济史观的含义归纳为两个命题:其一,生产形式或条件是社会结构的基本决定

* 作者系中国社会科学院亚洲太平洋研究所助理研究员。

因素；其二，生产方式本身有自己的逻辑，经济变化是任何社会变化的原因，换言之，社会结构的变革是由经济变化推进且不断演进的。社会制度更迭的动力来自于经济条件的变化（即经济发展的结果）之核心命题，体现出熊彼特对马克思经济史观的传承。

熊彼特论证逻辑的出发点是，资本主义经济成就与资本主义制度之间具有必然联系。资本主义具备一种与生俱来的激励机制，它为每位有才之士提供了一把向上攀登的梯子，并给予个人成就以制度保证。这激发了企业家的创新精神。而正是创新精神成为开动资本主义这趟列车的燃料和利润的源泉。吸收创新之养料从而实现财富积累和集中的资本主义实现了第一次飞跃，即从竞争型资本主义蜕变成垄断型资本主义。其结果是，较之竞争性企业，垄断企业由于实力增强，其创新能力和意愿亦大为提升。资本主义生产力以惊人的速度持续增长。生产力的大幅度增长使得社会物质产品极大丰富。然而，财富持续增长和集中的最终后果是，资本主义社会将进入一种以企业家官僚化、投资机会枯竭为特征的饱和状态。由此，资本主义将不可避免地陷入一种制度困境。突破这一困境的唯一方式是实现制度变迁，即从资本主义过渡到社会主义。

需要指出的是，资本主义走向衰亡的结论还建立在熊彼特对资本主义本质的独到理解之上。在熊彼特看来，资本主义本质上是一种经济变动的形式或方法。他对资本主义本质的认识可追溯到为其赢得诺贝尔经济学奖的《经济发展理论》一书。该书首次给出了熊彼特意义上“经济发展”的定义，即以执行新组合为特征的创新行为。它包括以下五种情况：采用新产品或产品的新特性；采用新的生产方法；开辟新市场；掠夺或控制原材料的新供应来源；实现工业的新组织方式。资本主义的根本推动力就是具有创新精神的企业家群体。熊彼特在《资本主义、社会主义与民主》中发展了其对资本主义社会过程的理解。他认为，社会过程不会表现出一致的、直线式的发展，而是在裂变与毁灭中突飞猛进，呈现出一种间断的、无规律的革命性变化。他的分析着眼点即从一种均衡过渡到另一种均衡的突变过程。这种从社会体内部自行发生的创造性破坏过程，就是资本主义的本质特征。

作为经济理论家，熊彼特自始至终将研究范围限定为纯粹的经济事实，然而其研究视角却扩展到人类社会的历史进程中。在他的分析框架下，政府、制度都被视为外生变量，时间变量则是超长期甚至是无限期的。因此，熊彼特关于经济增长的认识，既不同于主张“站在政府立场、解决现实问题”的约翰·梅纳德·凯恩斯，亦迥异于高举制度主义旗帜的道格拉斯·诺斯，更有别于推崇通过有效制度建立起强化市场型政府的曼瑟·奥尔森。他独树一帜地将资本主义经济发展归因于企业家的创新精神,并认为,资本主义内部存在着自动增长的动力,不需要政府或制度承担哪怕是辅助的作用。

颇让人感到困惑的是,资本主义制度具有内在活力的事实与资本主义必然崩溃的结论显然是自相矛盾的。熊彼特对这一悖论的解释是,随着垄断资本主义下企业规模的扩大,企业家日益官僚化的趋势使得自发式创新活动逐渐萎缩。企业家越来越像计划经济体制下的管理者,讲究程序与等级,习惯重复与守则。于是,企业组织机体内部的病变将导致企业反应缓慢、行动迟滞甚至战略失误。与此同时,由于社会趋于饱和状态,投资机会自然消失,残留的企业家将因无事可做而逐步淡出历史舞台。鉴于由经济发展决定的社会进程具有不可逆性,维持资本主义经济发展势头的根本途径便只能是制度变革,即从资本主义过渡到社会主义。这种制度变革终将成为因创新精神枯竭而行将就木的资本主义经济的一根救命稻草。

从纯粹经济事实和理论中,熊彼特假想出一种"熊氏社会主义"。这一社会主义制度模式具有以下几点特征:第一,从垄断型资本主义脱胎而来,社会生产水平高度发达;第二,中央当局垄断所有生产手段并操纵生产过程;第三,社会主义是一种对生产手段的公共控制,不具有任何意识形态或阶级的特征;第四,由于经济事务属于公共范围,经济体内部门、地区和集团之间的利益对抗或冲突自行消失。

在对"熊氏社会主义"进行界定后,熊彼特着手从理论上证明这一制度模式的逻辑合理性和现实可能性。这里,他一方面借用了新古典学派一般均衡理论中信息完备的假设,另一方面引入了社会主义的动力机制,即建立在高尚道德水准之上的利他主义原则,至此,国家管理中不可逾越的双重障碍——委托代理关系的信息不对称与偷懒问题迎刃而解,相应的,制订合理生产计划的可能性与充分执行计划的现实性亦得到证明。沿着这一思路,熊彼特勾画出运行良好的社会主义蓝图。中央局在每个行业设立权力机关,即行业经济部门,负责各个行业的生产与分配。中央对整个社会经济的控制简化为对各个行业部门的垂直控制和部门之间的横向协调。与社会主义经济共生的庞大官僚机构是运行这种指令型经济的行为体。由于社会主义经济部门之间信息完备且官僚集团是遵守利他主义原则的,社会主义经济的管理成本急剧减少甚至达到物理学中的无摩擦状态。与在不确定性的惊涛骇浪中跌宕起伏的资本主义经济相比,社会主义经济在风平浪静的大海中平稳航行。此类经济模式与希克斯在《经济史理论》中谈及的习俗经济颇有几分相

似。经济体的巨大惯性和积淀丰厚的历史经验，成为它们应付周期性经济波动的资本。

在对经济运行机制的效率进行评价时，熊彼特依据生产效率高低的标准把社会主义放在了资本主义之前。究其原因，首先，社会主义的不确定性程度远远低于资本主义，从而大大节约了不确定性消耗的社会生产能力。其次，社会主义实现了行业间过剩资源的及时协调与有秩序分配。社会主义可以通过一纸命令，使得某一部门的过剩生产能力转移至生产资源相对缺乏的部门，从而实现整个社会的效率改进。而资本主义却无法摆脱个别企业有组织与整个社会大生产无秩序这一矛盾的困扰。第三，如果说经济周期是与经济体共生的话，那么它在社会主义经济中发生的频率要远远低于资本主义。第四，社会主义社会中，对企业发明与创新进行社会推广所遇到的阻力会较资本主义少得多。因此，创新社会效应的实现周期亦大为缩短。第五，社会主义制度下，由于私人领域与公共领域的界限不再存在，二者之间的摩擦或对抗已随之消失，政府干预经济生活的成功率会相对较高，这里主要涉及财政与税收等政府产品的供给效率问题。

社会主义这一论题给予熊彼特驰骋想象力的广阔空间。那些关于社会主义洋洋洒洒的论述，展现了他雄辩的口才与诡谲多变的思想，当然其中也不乏卖弄学问之嫌。不过，这到底体现出马克思学说对熊彼特经济思想的强大影响力。另外，熊彼特此论，实表现出对同时期苏联社会主义实践的不以为然。论道之时，他虽然摆出一副超脱阶级和价值观的姿态，但其价值立场毕竟昭然若揭，所以，也就不免显得有些虚伪、造作了。

在本书中，论民主政治成为熊彼特施展才华的又一舞台。在熊彼特看来，民主是一种政治方法，即为达到某种政治目的而做出的制度安排。依据民治的真正含义，人民实际上从未统治过，但他们总是能被定义弄得像在进行统治。民主的本质是政治家统治。成功的民主政治在于，通过竞争政治领导权的选举方式，推出德才兼备的政治精英并使他们执掌权力。在此，熊彼特把经济学方法自觉地运用到政治过程的分析中，并赋予参与公共选择的政治家和投票人以理性经济人假定，由此，为他对民主政治进行批判打下了基础。首先，熊彼特戳穿了政治家以谋求共同福利为宗旨的谎言。他认为，如同实业家在经营石油一样，政治家在经营选票；这种追求自身利益最大化的行为动机导致民主政治的行政效率受到损害。其结果是，民主方法产生的立法和行政只能是政治职位斗争的副产品。对于民主政体下的政治家来说，争取选票、赢得选举或连任，在其目标函数中占据着首要位置。这就好比一个全神贯注以防落马的骑手——马背上的旅行计划到底怎样开展,他是无暇顾及的。

此外,熊彼特否定了民主过程中个人意志是独立且理性的这一假定,他认为,政治领域的个人理性与个人对公共事务的关切程度高度相关,并易受政治宣传的影响甚至摆布。当涉及到与个人切身利益直接相关的地区性事务时,个人往往会表现出强烈的参与愿望和高度的理性。然而,一旦进入全国性乃至国际性事务领域,个人的理性就会跌落至较低水平,展示出无知的一面。在这类政治领域中,公民手中的选票对于选举结果的作用将是微乎其微的,而他为获取决策信息将支付高昂的成本;由此,作为理性的经济人,他不会选择在理解政治问题上花费精力,而是会轻率地投出选票。这种理性的无知为竞选集团施加影响力提供了良机。他们充分利用政治中理性的盲点,改变甚至制造人民的意志。因此,政治过程中所谓人民的意志通常都是某类集团人为制造的意志。人民的意志不再是政治过程的动力,反而沦落为它奴役的产物。熊彼特对于民主的总结可谓一语中的:人民民主是一个漂亮的辞令,它之所以得到政客们的青睐,在于它既能讨好群众又能提供极好机会来逃避责任,并用人民名义压倒对手,可收一石三鸟之效。

做出任何具有普遍意义的预测都是要承担一定风险的。稍加推敲我们就会发现,熊彼特所预测的历史进程远不及他的逻辑论证那样令人信服。虽然企业官僚化是不可否认的事实,但在全球化的今天,巨型企业的进取性与创造力不但没有萎缩,反而呈现出不可遏止的增长势头。跨国公司争夺世界市场份额的壮观场面、金融衍生产品的不断涌现、虚拟经济的蓬勃发展,所有这些显然与熊彼特预测的资本主义衰退甚至崩溃的趋势背道而驰。这不禁使人慨叹,任何预测都是建立在现有知识储备之上的,天才也不例外。然而,正如金德尔伯格所言,真正有意义的学问通常都是富有争议甚至是毁誉参半的。批评或异议丝毫不会减损熊彼特理论旺盛的生命力,相反,只会为其理论结构添加养料和力量。

一个经济学者的足球回忆

熊秉元*

一切都要从任金刚转学到我们班上开始说起……

小学四年级之前，我在雾峰乡下读小学。四年级开学没多久，我转学到台中市大同国小，每天由雾峰搭台中高分院交通车的便车上下学。转到城里读小学并没有太大的困扰，第一次月考得了第二名之后，级任老师就一直对我很好。当时印象最深的是大同国小的"诚实"校风：老师写黑板时，如果底下有人讲话，老师回过身来要讲话的同站起来，讲话的人就会真的站起来。对于这种有板有眼的一来一往，我觉得很讶异。

五年级时我们换了一间教室，开学那天大家坐在教室里，好奇地等新的级任老师出现。结果是一位中年的李朝政老师，当时大家都不知道，他后来会那么迷棒球。

开学没多久，班上多了一位学生，任金刚。也不知道从哪一个学校转来，但是他带来了足球。没过多久，我们就很认真地开始踢足球：每天中午飞快地吃完营养午餐，然后抱着球跑到操场上，先占场地。分边的方式现在想来也很公平，由踢得最好或最不好的两个人猜拳，再轮流挑自己的人，凑好两队就开始厮杀。一直踢到午休铃响，才满身大汗的回教室午睡。下午放学之后，再到操场上踢一阵，踢到训导老师吹着哨子来赶人时才背着书包回家。

五年级的时候，正是红叶少棒队打垮日本调布少棒队没多久，全台湾上下都陷入对少棒的痴迷之中。大同国小和"世仇"忠孝国小是台中市乃至于中部地区的主力，我们的导师就是学校少棒队的教练。校队里有很多人转班到我们班上，像江森柏、游正宗、聂中成、张瑞钦。张瑞钦后来被选入金龙少棒队，到美国威廉波特打下第一个世界少棒赛的冠军。老师带棒球队出去南征北讨的时候，我们就"自习"。在五、六年级这两年里，我们度过了许许多多自习的时光。

在平淡的岁月里，穿插其间的，是在台湾举行的亚洲杯足球赛。当时，张子岱、张子惠兄弟，由香港回台助阵。结果，张子岱四十码外一记长射，硬生生踢垮日本，台湾勇夺冠军。在当时台湾内外情势一片混沌低迷的气氛下，亚洲杯带来的热潮，似乎是少数振奋人心的大新闻。我记得，亚洲杯结束后很长一段时间，我还是在报纸的体育版里，注意张氏昆仲所属球会（南华？）的战绩。

---

* 作者系台湾大学经济系教授。

升上六年级，因为已经是九年国教，没有升学的压力，我们照样吃营养午餐、分边踢球，照样“自习”。星期六下午，准时看完一点钟播出的英国足球联盟的“足球大赛”之后，再到中兴大学的球场去踢球（这时候家已经搬到台中市爱国街，住在学校和中兴大学之间）。班上踢球的人很多，别的班级也开始有人玩。我们是六年二班，四班有一位同学踢得不错。有一次不知道发生什么事，受了什么刺激，那个四班的同学决定以后不再踢球，要改当裁判。任金刚和我知道之后，一起去找他、劝他。三个小男生靠在三楼的栏杆上谈话，我们煞有介事地讨论得失。那个小男生凝重认真的表情，一直留在我的脑海里。

另一个留在脑海里的画面，是六年级寒假里的某一天，任金刚、我和一个叫陈本宗、已经开始闯荡（小）江湖的同学依约在市一中的外操场碰面。三个人穿着厚厚的衣服，在空荡凛冽的操场上踢了一阵子球。陈本宗还拿出一把他自制的、大约有30公分长的尖刀给我们看。

因为少棒是重心，所以虽然我们踢得不错，可是学校没有组成足球校队，也就一直没有机会去参加正式的比赛。但是，足球是生活里最重要的事，在毕业纪念册上，同学帮我写的几乎都和足球有关：“一脚定江山，为国争光”、“希望你将来在足球界发挥所长”等等。如果当时有足球校队，我想我很可能一路踢上去、保送体专、师大。

进居仁国中之后，因为操场和学校隔了好几条街，所以虽然任金刚我们这一伙人都在；可是自然而然地慢慢放下足球，平平淡淡地过完国中三年。

再开始踢球，是读台中一中二年级下学期的事。不知道为了什么原因，学校组成校队，我也加入，踢右翼。这时候，我知道自己已经踢得不算是很好，队上踢得最好的是好朋友张孔修。寒暑假时，他会自己去参加一些足球营和裁判讲习之类的活动。不过，虽然我觉得台中一中踢得并不够好，我们还是打遍中部地区无敌手。到三年级上学期时，我们得到中部七县市的冠军，要到台北参加台湾区足球赛。

到台北去的是临时编组：除了台中一中校队之外，还有从台中高工、明道中学借调的几位。大概是因为经费关系，我们由台中坐慢车北上；火车每站都停，可能坐了近八个小时才到。下了车，住进车站附近的一家小旅馆，两个人一个房间。床垫太软，翻来覆去好久都睡不着，那也是我第一次看室友光着上身睡觉。

赛前大家还津津有味地说，如果得到冠军，联考可以加百分之十。结果，就在开赛前练习时，一不小心，球从后面打上了由台中高工征调过来的那位侨生门将的大拇指。“啪”的一声，指头的关节错开，不能上场把关，大家都心里一紧。结果，两场球先和台南长荣踢和，再输给台北聋哑学校，被淘汰出局。教练宣布在台北就地解散前，听张

孔修说球队里有人前一天晚上到外面去“开查某”(找女人),我听了觉得很惊愕。

踢完台湾区足球赛之后,我们又参加了几次地区性的比赛。有一次在台中高农赛球,踢完之后我和张孔修一起骑脚踏车回学校。经过一排教室时,里面有个女生向我招手要我们停下;后来走出来两个女生,说希望和我们做朋友。两个女生都长得很秀丽,脸红扑扑的,很健康的样子。和其中一位彼此来回通了几封信,争议一些小小的事情,连一起出去看电影都没有,就不了了之。

进了大学之后,只参加系队踢过几场球。童年好友任金刚也晚一年考进台大心理系,有一次还找他当佣兵,帮我们踢了一场比赛。台大侨生多,球踢得好的人也多。足球,已经不再是我生命中最重要的事了。

毕业后在花莲海防部队当兵,快退伍时正好是1982年的世界杯。决赛好像是在半夜三点,我一个人搬了藤椅坐在中山室里看电视转播。当意大利蓝衫军先进球时,镜头转向球场的贵宾席。意大利的老总理高兴地从座位上站起来,高举双臂挥舞,旁边坐的西德总理布兰德一脸木然。

退伍之后到美国读书,美国人看职棒、篮球、美式足球,但是对英式足球没兴趣。1986年的世界杯时,主要的几家电视网根本没有转播。在美国的五年里,只踢过一次球。那是在某一个暑假里,有一天下午去跑步时,在操场上看到一个老外自己在球门附近盘球。我招呼一声之后,他把球传给我,两个人对踢了一阵。他是非洲来的留学生,我们扯了一些足球经。

回台湾开始教书以后,足球和我离得更远;只有在某一年的夏天里,有过短短的接触。那时候,正要赶一份关于加值型营业税的研究报告。已经收集好资料,打算待在研究室每天写两千字,十天完成。每天下午写完进度之后,就换上短裤到附近的成功中学去跑操场。有一天去时,看到一位四十多岁的中年男子一个人在踢足球,大脚把球踢得老远,再跑过去一脚踢回来。我跑了几圈之后,他踢的球刚好跳过来,我忍不住一脚踢回去。他显然很高兴,两个人就大脚过来大脚过去地踢了几十分钟,还约好第二天下午继续;就这样子连踢了好多天。他在台北火车站附近的工地当翻译,帮日籍顾问和本地人沟通。他说是受不了日本人的气,每天下午要来踢踢球发泄发泄。我写完报告之后,有几天没去跑步,再去时已不见他的踪影。下次我再踢球时可能是陪儿子踢,他现在读小学五年级,还在迷战斗陀螺和溜溜球。也许,看完世界杯的转播之后,他会开始踢球。我想我不会特别希望他迷足球,也不会鼓励他在足球界为国争光。我甚至不会告诉他要多体验人生、要对生命负责。最好,他能自己慢慢琢磨出这些体会……

让太太们退出企业的一次成功密谋

储小平 *

赣峰公司的阚总今天挺高兴，觉得这段时间公司工作顺畅多了，于是约公司的两位合伙人边强和燕汉一起在酒吧喝酒。三个人都会心地笑着，因为他们三人成功地让他们各自的太太从赣峰公司退出，回到家中做全职太太了。让太太们退出公司为什么值得他们开心呢？这事还得从头说起。

2000 年，阚总与他的两个好朋友边强和燕汉一起从国有单位下海，创办了赣峰公司，生产一种精细化工产品。万事开头难，企业申办、厂址选择、资金筹措、原料来源、设备购买和安装调试、产品销售、人员招聘等等，千头万绪，又万绪待理。创业之初，不可能有健全的机构和明确的职责分工，一切都要靠大家的不计辛劳、齐心协力。只有自家人才能更好地同舟共济，于是三位合伙人的太太都参加了公司的创业活动。三位老板加上三位老板娘，大家工作上不分彼此，差不多形成了“打仗亲兄弟，上阵父子兵”式的很有战斗力的团队。由于项目选得准，市场销售很快打开局面。三年下来，公司就在市场中站稳了脚跟，并展示出良好的发展前景。阚总和创业伙伴们不失时机，招兵买马，扩大规模。人一多，规模一大，阚总发现创业时的不计辛劳，分内分外的事大家都齐心协力的做法不太灵了。职能职责不清晰，制度不健全，有些事大家都在管，有些事又没有人管，三位老板和三位老板娘不可能事事都有时间事先沟通，但又都在发布指示，于是政令不统一，矛盾扯皮的事越来越多。矛盾比较大时，三位老板沟通一下倒还容易些，但涉及到哪一位太太的责任，这话沟通起来就有些不便了，弄不好不仅影响工作，而且还会伤害几家的友情。这种状态让三位老板颇为头痛，于是三人商量决定让各自的太太都退出企业。谁知当他们各自与自己的太太沟通时，话还未说完，就遇到强烈的反对。太太们认为，企业创办成功，发展这么有起色，她们功不可没，为什么要把我们赶出去？

---

* 作者系中山大学岭南学院教授。

难道让我们回家做家庭妇女？让我们整天待在家里有什么意思？你们轻视歧视我们妇女？三位老板都顶不住太太们的咄咄逼人的反击，此事只好暂时作罢。过些时，阚总觉得这个问题必须解决，否则对企业进一步发展不利。于是，他想出一条计策，跟两个创业伙伴商量，各自让太太们再生一个孩子，这样太太们就得在家养育照护，精力、时间和感情就会集中到孩子身上，自然对企业的事就难以顾上了。这样不就让太太们退出企业了？此计一说出来，边强和燕汉就非常赞同。这场“密谋”经过一段时间的操作居然都成功了，三位太太都各自生了一位可爱的宝贝，都乐不可支、忙碌充实地在家育子相夫了。顺便说一句，这场“密谋”成功后有的老板违反了计划生育政策，有两个孩子。虽然这在民营企业老板中还不算出格的，但此事不能提倡，该罚就罚。笔者接下来要分析的是：从企业理论角度对太太们退出企业一事该如何解释，从中又有何启发？

一、为什么要让太太们从企业中退出？

1.企业理论的一个重要观点是：企业是“作为一组个人间契约关系的一个联结”，“契约关系是企业的本质”（詹森、麦克林）。有关企业的契约理论极有学术启发力，很多学术大家对企业的契约关系进行了大量讨论，一是从企业外部关系进行讨论，分析企业与外部股东、债权人、供应商、顾客等等纵向与横向的契约关系，其中有关资产专用性、机会主义行为、套牢、企业内外部交易成本的均衡及其与企业成长的边界的研究更是硕果累累；二是从企业内部进行分析，探讨委托人与代理人之间的关系，其中由于信息不对称所可能出现的逆向选择与道德风险、剩余索取权与剩余控制权等关系引发了大量研究。张维迎还构建了一个一般均衡模型，将经营才能、个人财富和个人风险态度识别为决定市场经济中人们之间均衡职业划分的三个基本因素。相关合作而成的企业成员可以抽象概括为：有才能又有资产的企业家、有才能而无财产的职业经营者、有财产而无才能的单纯资本所有者和既无才能又无财产的工人。于是，企业内部的契约关系就是这四种成员之间的契约关系了。这些研究对于人们琢磨企业的内在本质很有帮助，但具体到企业的现实，我们发现还有一些契约内容未能引起深入的探讨，比如本文开头所讲的故事中，三位老板的太太们加入企业，使企业内部的契约关系具有一种特别的内涵，即基于不同身份的成员之间的一种特别契约，一种利益与情感联结最为紧密的契约进入企业的契约系统。太太们在企业中的契约的特殊性在于：契约属性有双重性,契约条款很难清晰因而履约自由度很高;签约成本很低;履约监督小;违约处罚最柔性。总之,这是一种不能或难以完全用经济理性方法来处理的契约。

在华人企业中,这种特殊的关系契约特征特别明显,对企业权威的形成与运作、对企业的剩余索取权和剩余控制权的配置有很大的影响。在几位老板的太太都参与企业管理的情境中,企业权威的运作可能会受到亲情规则的扰动,各种权益的配置可能难以达到有效的均衡。

2.进一步分析赣峰公司的内部契约关系,可以看出形成了多重交叉性的契约。有三位老板之间的契约,老板与特殊员工(太太)之间的契约,每一对老板太太与其他对的老板太太之间的契约,老板的太太们进入企业及职务分工安排的相互平衡的契约,老板与一般员工之间的契约、老板的太太们与员工之间的契约等等。在多重交叉性契约的履约过程中,运作的规则会随着关系契约类型的不同而不同,企业的治理会因为契约关系的不同而有很大的差异,不同契约中的个人之间可能有着相互抵触的目标因而难以协调。即使是同一类型的关系契约也可能会随企业所处的社会经济环境、发展阶段乃至参与者个体的因素的不同而不同。也就是说,不同类型的契约的签约、履约、监督、违约及追究、再谈判和续约等规则都是不同的,一些特殊契约的纠纷处理会具有难以理清的复杂性,这些自然会增加企业内部的管理成本。让太太们退出企业可以使企业内部的契约关系简化,降低管理的复杂性。

3.老板的太太们加入企业后,不仅增加了企业内部多重契约交叉的复杂性,而且还有可能出现契约的二次嵌入性,即有可能使企业已有的契约再次嵌入在新的关系契约中,譬如:太太们有可能会把自己的亲属和朋友引进企业(当然,老板自身也可能这么做),只要有一位太太这么做,原有的关系契约均衡就会被打破。不仅如此,而且可能会使企业的理性契约更多地嵌入在复杂的人情关系契约中。要想防止或阻断人情关系契约属性影响企业的理性契约的有效运作,可能会有很高的成本,甚至会破坏投资合伙人之间的信任和合作的基础。

4.在企业内部多重交叉契约中,有的是主契约,如三位老板之间、老板与员工之间的契约;有的是次级契约,如每位老板与各自的太太之间的契约,每位太太与她们的亲友之间的契约。按理,次级契约应服从主契约的要求,这就是所谓"亲兄弟也要明算账",但次级契约人之间的互动频率、互动层级与密度都很高,而且互动方式微妙而默契。企业规模一大,多重契约关系交叉复杂,信息不对称的情况就会加重,在出现争议和纠纷时,可能会出现"斩不断理还乱"的局面。于是,次级契

约的争议与纠纷处理不当，会威胁到主契约的履约。不仅如此，进而可能会影响企业家生活质量下降，如在家庭生活方面，由此对企业家能力的发挥产生扰动，使管理团队的凝聚力和整个的组织能力下降。

以上几点应是三位老板让太太们退出企业的主要原因。

二、太太们为什么不愿退出企业？

1.赣峰公司的三位老板有的是硕士毕业，有的是本科毕业，他们的太太也都是本科毕业生，都具有特定的人力资本，也都有一定的职业生涯发展的目标。她们自然具有在企业中施展能力、获得回报的动机。

2.太太们参与企业的创业与管理，在企业中拥有一定的职权，对企业的机密信息有更多的了解，也是决策的参与人和执行人；由于身份的特殊，太太们在企业中会受人敬畏，拥有一定的权威。她们分享着企业控制权及其控制权收益回报，会有满足感很高的心理收益。

3.太太们在企业中工作时间一长，还会形成自己的下属及其同事关系圈，即关系专用性资产。在这个关系圈中，人们分享着信息，形成和传递着默认性的知识与情感，这自然会给人带来满足感。离开企业，这种关系专用性资产及其收益差不多就没了。

4.太太们参与企业的创业和管理，对企业的创业成功与发展贡献良多，由此自然会对企业产生很高的心理所有权。国际学界的一个新的研究表明：正式所有权通过提高员工对资产的拥有、信息分享和影响力这三个关键变量而提高成员的心理所有权；正式所有权通过心理所有权对员工的态度和行为产生影响。有三个途径可以导致心理所有权的出现，这三种途径是：(1)对目标物进行控制；(2)对目标物的深入了解；(3)个人对目标物的投入。这三者的相互关联，共同导致了心理所有权的产生和发展。从这一新的理论视角看，太太们对企业的心理所有权会远远高出一般的员工。心理所有权越高，割舍就越难。

5.太太们从企业契约中退出的成本很高。一旦她们从企业中退出而再次进入人才市场，就有再就业的风险和成本。更为重要的是：到任何另外一家企业，她们不可能与企业形成特殊的关系契约，即都不再具有老板太太的身份及其附着于这种身份上的特殊的权威，由此也难以获得员工对她们的敬畏感。

有以上几点原因，太太们自然不愿退出企业了。

三、三位老板为什么让太太们集体退出?

显然让太太们集体退出可以大大降低企业内部多重契约交叉的复杂性,可以一次性解除二次契约的嵌入及其引发的难以处理的纠纷,使亲情契约规则对企业的理性契约的扰动减少;另外,太太们集体退出可以使企业的控制权配置保持均衡。否则,相互牵制,谁也难以从企业退出。

四、让太太们退出企业的方式的收益与成本

1.让太太们回家生子育女是她们退出企业的成本最低的方式。由此家庭情感会增强,太太们的情感有寄托。虽然她们失去企业中的控制权及其收益,产生了很大的失落感,但同时生儿育子所带来的欢乐和幸福感又有效地补偿了退出企业的失落感;

2.虽然以这种方式让太太们退出企业的成本比较低,但也不要忽略这种成本,如:最值得信任的人力资源的流失,最具有全面监督动机的管理者的流失,由此可能造成企业内部代理成本的增加等。但只要太太们退出后能进一步提高企业的运作效率,收益大于她们退出的成本,那么让太太们退出还是一种理性的选择。

笔者本文的分析并没有轻视歧视女性的念头,我何必要得罪天下那么多能干的靓女呢?能干的女同胞自然可以当老板当老总,可以成为女富豪。但是,在现实中可以看到夫妇一起创业和管理比较成功的,可很少发现几个老板的太太都参与企业管理而企业运作又非常有效率的,即使是亲兄弟之间合伙创业、共同管理,也往往不让太太们参与管理。这不是女同胞不能干,没有管理能力,怪就怪在太太们一参与,企业内部的关系契约就变成多重交叉而又属性不同。在同一个棋桌上,既有国际象棋棋盘,又有中国象棋棋盘,你说这棋子该如何走?

影响房价的传媒因素

昝廷全*

房价问题是关系到千家万户的焦点问题，许多经济学家对房价的形成机制进行了大量的相关研究，提出了调控房价的对策性建议。这里我们从传媒经济学的角度，对影响房价的传媒因素进行初步分析，剖析政府通过大众传媒调控未来房价走势舆论进而影响未来房价走势的可行性。

一、大众传媒对房价的影响

大众传媒对房价的影响主要是通过形成关于房价将要上升或下降的舆论来实现的。舆论具体通过两种途径对房价产生影响：一是通过影响购房者对于未来房价的预期而直接影响购房者的决策。二是影响政府调控房价的决策。

首先我们简要分析一下舆论的形成机制及其对购房者预期的影响。按照哈肯的协同学观点，舆论相当于一种序参量，它支配着个人的意见，强制形成一种大体上一致的舆论，借以维持其自身的存在。采用系统科学的语言来讲就是，舆论一旦形成就对个人意见具有支配作用，反过来，各个个体的意见又进一步强化着舆论。

笔者在2006年发表在《中国传媒大学学报》（自然科学版）第一期的文章“拓扑传播学初探”中探讨了在一个系统中形成舆论的充分必要条件，并给出了相应的数学定理。这里我们主要从哲理层面定性地探讨舆论形成的机制问题，目的是为了研究舆论对房价预期的影响。因此，我们的基本观点或基本假定是，个人意见的形成容易受占主导地位的舆论的影响和支配。根据这个假定成立与否可以将整个人群分为两类：一类是完全成熟和理性的公民，他们独立形成关于未来房价的判断并且坚持己见；另一类是本人在形成自己关于未来房价的判断时容易受他人意见的影响。大众传媒进而舆论对房价的影响主要是针对第二种情况而言的。

个人预期容易受舆论影响的假定对于房价来讲至关重要。比方说，对于未来的房价的走势，可能有人认为会进一步上涨，有人认为会下跌，也有人认为大体不

---

* 作者系中国传媒大学教授。

变。到底未来房价会怎么变化,这些不同的观点之间会自动出现竞争,最后会有一个观点成为主流而获胜。这个关于未来房价走势的主流观点就表现为关于未来房价的舆论。按照经济学理性预期学派的观点,最后成为舆论的主流观点将影响购房者关于未来房价走势的预期进而影响购房者的购买决策。从这个层面上来讲,在这种具有集体效应的房价中,关于房价的客观标准通常是无关紧要的,大众最后偏爱或相信的是一种关于未来房价走势的主流观点。如何利用这种集体倾向是政府调控房价必须认真面对的问题。

二、政府可以通过大众传媒调控未来房价走势的舆论

从某种意义上讲,大众传媒对于舆论的形成具有决定作用,特别是在传媒高度发达的现代社会。现在传媒界有一句名言很能说明这个问题:"我不能影响你怎么思考,但可以影响你思考什么。"根据本文的研究,我们可以进一步说:"我不仅影响你思考什么,而且影响你思考的结果是什么。"因此,政府完全可以通过大众传媒调控关于未来房价走势的舆论进而实现调控房价的目标。

首先我们要能弄明白通过什么样的途径来改变和调控舆论。按照协同学观点,在转折时期或者系统失去稳定时更容易改变舆论。特别在社会变动时期,个人将特别注意周围人们的行为,以免在变动的环境中陷于孤立。在这一点上和传播学中"沉默的螺旋"的机制相类似。环境的变化是舆论变化的必要条件。一旦政府出台新的房价调控政策,房价将会变化的观点就会在人群中蔓延。但是,政府政策的作用大小以及未来房价的具体走势还有待进一步确定。这时,涨落将起决定作用。在这种情况下,某个不可预测的局部事件的吸引力大增,将可能导致某种关于未来房价的判断成为主流,从而成为关于未来房价的新的舆论。

舆论的形成有两种途径:一种是个人间的直接接触;另一种是大众传媒。我们国家是一个舆论控制的国家,政府通过大众传媒调控关于未来房价的舆论是我们的一大优势。由于传媒的容量有限,新闻工作者必须从大量的材料中进行筛选。沃尔特·李普曼认为,每一份报纸,当它到达读者手中之时,便是一整套筛选的结果,这样就给读者造成了一个假象世界,未被报道的东西就是不存在的。因此,大众传媒可以起到序参量的作用,大众传媒通过所表达的观点能够影响读者的观点。大众传媒是单向的间接联系,它与自然的人际联系相对立。因此,大众传媒对受众的这种影响往往是蛮横的。当然,这里是对传统媒体而言,对于具有互动功能的新媒体需要另外论述。从这个意义上讲,互动是新媒体的重要优势之一。

股市中的赢家

李仁君*

有了股市就有了股民。股市是宏观经济的晴雨表，对于股民而言，股市又是五味瓶，装满了酸甜苦辣的滋味，它既能给股民带来收益的心跳，又不时以风险的形式敲打着股民的神经。

有收益也有风险是股市固有的特征，“股市有风险，请慎重入市”是每一个即将成为股民的人心知肚明的，但人性的自信往往把这句警告演绎为“风险是人家的，收益是自己的”，如若不然，便不会有那么多的人疯狂入市。

大凡炒股的人，往往不愁衣食，但人性的贪婪往往使他（她）为了得到更多，而拼命地投入股市。驰骋股市的至高境界莫过于，在股市低迷时，勇敢抄底；在股市高涨时，毅然逃顶，充分施展所谓“高抛低吸”的手法。但股市间真正能做到这一步的人可谓少之又少。

大多数的股民皆为凡夫俗子，在股市低迷时，一味地悲观逃避，甚至多有“割肉出局”的悲壮之举，然而股市中演绎的故事往往是：股民这边割肉血迹未干，那边大盘已蓄势而发，一路走高，割肉者只能扼腕而空叹；在股市高涨时，一厢情愿地盲目乐观，死心塌地地做多，高价买进的股票转眼间或一泻千里，或阴跌不止，结果由大赚变小赚，由小赚变小赔，再由小赔变大赔，最终只落得为股消得人憔悴，实在是懊悔不已。

明明是记着“高抛低吸”的法则，但人性的弱点偏偏让他（她）做成了“低抛高吸”，于是资金就越做越少。正如俗话所说，人生两大不幸莫过于“炒股炒成股东，泡妞泡成老公”，股市中最窝囊的事情就是，由入市时短线投机的股民做成了深度被套的长期投资的股东，这种因投机失败而被迫投资的股民在中国股市大概不在少数。

说股市没有赢家，也嫌武断。一个健康发育的股市不是赌场，赌场的背后是运气和诡计，而股市的背后是上市公司的业绩和回报。从这个意义上，股民炒股是一

* 作者系华南师范大学理论经济学博士后流动站研究人员，海南大学经济管理学院教授。

种“非零和博弈”,也就是说,股民们可以通过分享上市公司的业绩和回报而实现“双赢”或“多赢”,但这要看上市公司的业绩和回报能有多大?

如果在一个远离秩序尚未规范的股市中，股民炒股完全可以变成“零和博弈”。假设上市公司没有多少回报，这种假设对我们的大多数上市公司是很适用的,股民们就是在“零和博弈”,你之所得必我之所失,虽然有时看起来几乎所有的股民都在赚钱,但也许先前的股民已经割肉在先了,或是以后的股民早晚将会为他们而割肉。这也是“以时间换取空间”。如此,股市将失去其积极性的一面,而成为一个纯粹赌博的场所。中国理论界近年来不是一直围绕着“中国股市是否是一个大赌场”而喋喋不休地地论争着吗?

时代在变迁,观念在转变,雷锋精神似乎离我们越来越远了,尤其是在股市中更难见这种精神。在战争年代,紧急关头,总有人站出来:“同志们快撤退,我掩护!”但在股市崩盘之际,有谁能站出来:“股民们快撤退,要套就我套吧!”我们所能看到的是众股民一个个只恨爹妈少生两条腿,唯恐跑在了后面。

令人想不到的是,反人性操作有时会在股市上得到意想不到的收获。据说在某地股市,几年下来,只有两个人在赚钱。一个是股市门前的卖报老人,一个是出家的和尚。股市疯狂时,股民争相购买报纸,卖报老人无瑕股市,也就买不了股票;股市低迷时,股民都回家了,卖报老人这才有时间到股市买股票,因而就赚钱了。

而和尚呢?大慈大悲!当股市下跌时,股民们视股票如“烫手山芋”,争相抛弃,和尚出于行善,出于助人之心,将人人欲弃的股票买过来,结果无意中反抄了底;当股市高涨时,股票万人争购,和尚心又软了,既然你们那么喜欢,阿弥陀佛,我就卖给你们吧!结果无意中又逃了顶。因而也赚了钱。这也许是股市最辩证而又最无奈的一面吧!

老店

李文溥*

余居厦大，三十年矣。初来时，举目校园，遍地甘蔗、地瓜，老农荷锄，牛车漫步。校内小店，百货、书店、粮店、日杂、菜场、理发店各一。而今厦大，墙内高楼，墙外闹市，车水马龙，市声喧嚣，俨然商圈，然当年老店，仅存其一，且日渐萧索。感慨不已，属文记之。

——题记

头发又长了，该理发了。

我习惯地走进那家老店。

老店始于何时，我不得而知。有人说，老店的历史可以追溯到抗战时期。厦门大学避乱迁校长汀时就有了它。如今店中师傅，有些就是当年店主的再传徒弟。余生也晚，不能证实此说。只知30年前我进校时，老店是厦大校园里唯一的理发店。全校数千师生理发大多要走进它的门。

那时，老店并不开在今天这个地方，而是在厦大南校门附近。它的旧址如今耸立着邵逸夫先生捐建的厦门大学国际学术交流中心。那地方，不说现在，即使当年，也是厦大校园里最热闹的地带：人称“王府井”，左近就是厦大的“中南海”。

那时的老店，无论房子还是设备，在当时的城市理发店中，都属于中上水准——锃亮的大镜子，八成新的铸铁理发椅，电推子，洁白的热毛巾，技术熟练，和蔼可亲的师傅，细心周到的服务细节：在围上理发罩衫时，总不忘先在你的脖子和罩衫围脖之间夹上一圈干净的纸条（那大概是学校印刷厂印讲义时裁下的边角料）！这一切都让我这多年上山下乡、快要成为荒原狼的老知青重新找回久违了城市生活的温馨感觉——在我的印象中，当时的厦门，似乎只有最繁华的中山路上的中梅理发厅要比老店高档些。老店自然因此价格不菲：理个男发，要两毛伍，比

---

* 作者系厦门大学经济研究所教授。

当时大学生食堂一顿午餐所费还要贵上3~5分钱呢。有些学生舍不得,不改当年插队乡下、连队当兵的艰苦奋斗作风和自力更生精神,合伙买了理发推子,自我服务。虽然在学生队伍里,在下也属于贫下中农行列,可我宁愿每月省下一顿饭钱,走进老店,享受一次城市水准的服务,找回城里人的感觉。

那是老店辉煌的时代。每天座无虚席。大多时候,你总要坐等几个,才轮得上。可我还是心甘情愿。要知道,服务之外,老店自有它另外的魅力:小小的店堂里,你可以看到厦门大学几乎所有的硕学鸿儒。上次与你一起坐在长椅上排队的是曾经教过陈景润的数学系教授和当今国内物理化学界的泰斗。今天那位衣着朴素、边理发边与邻椅的客人有一句没一句地闲聊的和蔼老者是钱钟书先生的清华同学。先生二十余年来,在国内一直默默无闻,海外却悄悄再版了他多年前的散文集。旁边的那位,是《鲁滨逊漂流记》的译者。最近,绝版已久的《鲁滨逊漂流记》又重新再版了,与一批世界文学名著一起面世,书店里买书的人排起了长队。两位老人能不因此感慨万千么?……老店真是往来无白丁,谈笑有鸿儒!当然,教授也是常人,走下讲坛,拐进老店的教授,更是寻常百姓一个。教师们静静地排队等候理发,拿张店里订阅的地方报纸或是从口袋里掏出本书消磨坐等的时光,全无课堂上的神采飞扬,也没有了考场上的不言自威,即使聊天也大多是柴米油盐家常琐事。但是,那股书香,那种儒雅,却不因此稍减,偶尔一句隽永的话语,令人莞尔,间或一声冷冷的幽默,叫人捧腹。于是,你就在这静静的等待中如沐春风,身心一新地走出老店。

日子就像静静的小河,一天天地流淌过去。三十年来,每月你必去老店报到一次。你看着老店的伙计们一个个地退了休。当年最年轻的师傅如今已是头发斑白,成了你学生时代老店仅存的老人。你看着当年高山仰止的学界前辈慢慢变老,突然有一天,你发现似乎很久没有在老店见到他了,这才依稀记起不久前曾在学校的广告栏里见过先生的讣告。

这也许是厦大变化最大最多的三十年。每日里,不是这里平地起高楼,就是那儿荒野变庭园。因了建设需要,老店也曾搬过几次家。尽管如此,老店却似乎没有什么变化。一样的设备,一样的服务,熟悉的顾客,熟悉的氛围。当然,老店也悄悄地有所变化,新添了电吹风或是其他。新来的伙计给你理完头,会怯生生地问一句:要吹风么?要不,给您焗个油?当然,十有八九都被崇尚简朴的教授们给婉言谢绝了。教授的谢绝不无道理:一向不修边幅,崇尚满腹诗书韵自华的他,一旦焗了油,吹了新发型,待会儿上了讲台,该如何面对满堂学生困惑的眼光、窃窃的私语?

于是，老店新进的设备不久也就看不见了。不知从何时起，老店洗发不再使用多年用惯的自制肥皂水，改用外购的廉价洗发香波。碧绿色的液体，装在一个塑料桶里，常常是由一个小伙子骑着自行车送来的。他拎着那桶穿过店堂时，就留下了一股有点怪异的淡淡香味。多年通货膨胀，自然，理发的价钱也悄悄地涨。从两毛五到五毛，从一元到两元，最近已经是五元了。每次涨价，老店的师傅似乎总不大好意思启齿，大抵是在顾客们理完发交钱时低声说一句：现在是×元了。来理发的客人也就急忙忙地从钱夹里再掏出点钱：应该的，应该的，现在不是连高丽菜都卖到一元一斤了么？尽管老店的理发价格涨了多次，可是我悄悄算了一下：它与同期教授工资的比例，居然大体上没有什么变化！

三十年里，老店确实也在变化之中，可是，不知怎的，这变化却更像是不变。在我的记忆中，三十年里，老店从未有过旧貌换新颜的时候，更不用说引领时尚的风光一时，就是连追随时代步伐的适应性变化，好像也说不上。老店的变化显得如此被动，是那么的怯生生，仿佛生怕过多的变化，惊动了它的老顾客，使他们感到陌生。看得出来，老店竭力希望保持它数十年一贯的传统和风格，维持它的相对价格标准和绝对服务水准。老店用心良苦。但是，这用意，我说不上也猜不透。或许，这传统和风格，当年的老校长曾不经意地称赞过？或许，这相对价格标准和绝对服务水准，是教授们多年一致的认可？于是，在不经意间固化成了老店的传统和文化。而这无形的传统和文化，由一群具有极高文化的顾客群体在特定历史时期里塑造出来，因此是如此的强大，以致老店一代又一代的师傅们是如此虔诚地守护着它！

哦，老店变的表面之下却是不变，不变的骨子是对不经意间固化了的传统和文化虔诚的坚持。

可是，老店却在虔诚的坚持中慢慢地老去了。

先是来洗发的女宾们带来了自用的洗发水、护发素，后来，青年或中年的女教师们渐渐地不来了。据说是因为她们得知外面的发廊如今可以舒舒服服地躺在理发椅上洗头了，因此不愿意再委屈自已，趴在龙头下洗头。这么累，不如回家洗得了！剩下的女客多是些退了休的奶奶级人士，老店从此莺歌燕舞不再。与女教师不同，男教师却是最不修边幅也最不跟风追风，一贯我行我素的一群，从而也就成为普天之下顾客忠诚度最高的消费群体。不管时代如何变迁，当年的教师、后来当了教师的当年学生们仍然不假思索地走进老店，剪最普通的发式，用肥皂水刮脸，用桶装的廉价香波洗发，尽管在他们家中浴室镜台上摆的日常洗涤用品早已是“海飞丝”、“潘婷”和“吉列”了。对于老店而言，当年的这个特定消费群体曾有如此强大的影响力，他们的消费习惯和审美思维竟然牢牢地固化了老店的消费供给模式，此后，尽管斗转星移，世风日变，外面的世界如此精彩，可是老店却大有咬定青山不放松，任尔东西南北风的气势，不改经营初衷。于是乎，新人渐稀，斯景不再，老店的消费群体也就渐次萎缩。当年，全校师生员工只要理发，大都要走进这家老店，不进来的，多是想省点钱的。如今光顾老店的，多是些虽不大缺钱但却缺少消费欲望或是充满怀旧情怀的中老年教师了。到得今日，在下虽已年过半百，却常常是老店里最年轻的顾客了。在下的儿子，从小就被带着在老店理小平头。可自打上了高中，他居然就想背叛老店了。进了大学，每到寒暑假，总要理了发才回厦门：碰上个对老店情有独钟的老爸，儿子只好消极抵抗。如今进了老店，你再也不用排队，因为要排队的是等着要为你服务的师傅们了。

坐在老店空荡荡的店堂里，不禁感慨万千：这是怎么了？这难道不是当年全厦门最好的理发店之一么？它的服务水平，就绝对而言，非但没有下降，甚至还略有上升啊，怎么如今竟要落得个门可罗雀，白头宫女闲坐说玄宗的地步？老店的供给曲线不是基本不动么，怎么就找不到与今日需求曲线的交点了呢？唏嘘之余，习惯地拿起张报纸遮眼，映入眼帘的是半版广告：为庆祝五一国际劳动节，欢度黄金周，某五星级酒店举行宫廷美食节：喝宫廷玉液，吃满汉全席，所有菜谱全部来自当年老佛爷御膳房膳单，一切悉依古法炮制，格格上菜，阿哥斟酒……看到这，不禁想起了昨晚临睡前偶然看到的同治元年也即慈禧垂帘听政那年的太后寿宴菜单："海屋添寿大膳桌，铺黄膳单，大锅菜二品：猪肉丝炒菠菜、野味酸菜；大碗菜四品：燕窝'寿'字红白鸭丝、燕窝'年'字三鲜肥鸡、燕窝'如'字八仙鸭子、燕窝'意'字什锦鸡丝；中碗菜四品：燕窝鸭条、鲜虾丸子、烩鸭腰、烩海参；碟菜六品：燕窝炒烧鸭丝鸡泥、酱萝卜、肉丝炒翅子、酱鸭子、咸菜炒茭白、肉丝炒鸡蛋。"①

嘿，这位权倾天下、富有四海的西太后的寿筵，搁到今日，除了用燕窝拼成"寿年如意"字样还算是玩了点噱头之外，有几道菜式是当今星级酒店看得上的玩意？

我闭上眼睛，眼前浮现出一幅图景：五星酒店金碧辉煌的餐厅里，全身宫装，头梳燕尾髻，脚踏花瓶底的"格格"们在丝竹声中，一路逶迤，婀娜多姿地端出一盘盘"一切悉依古法炮制"的猪肉丝炒菠菜、野味酸菜、酱萝卜、酱鸭子、咸菜炒茭白、肉丝炒鸡蛋，外加一碗碗油晃晃的肥鸡老鸭……

---

①见唐鲁孙：《清宫膳食——唐鲁孙谈吃系列》下卷：《酸甜苦辣咸》，广西师范大学出版社2007年版，第127页。

新捕蛇者说

陈惠雄*

2004年清明节，我驱车回到离杭州200公里外的故乡兰溪陈家井村，为半年前故去的父亲和祖先们拜祭扫墓。

墓前拜祭完父亲后，我与妻子沿着当年做农民时熟悉的田野小径踏青，感受着大自然的美丽与快乐。蜿蜒曲折的小路，青翠欲滴的树木，风景如画的田野。

行路间，我发现不远处一位农夫手中拿着钳子在路边草丛中翻着什么。据我多年当农民的经验，估摸着是位捕蛇者。我们停下了脚步。

“你在做什么呢？”

“抓蛇。”

“容易抓吗？”

“容易。现在的蛇早上出来躺在有太阳的草丛上面晒太阳。”

“不会逃吗？”

“清明前后的蛇还不大会动的，很容易抓的。”

“这样不是会被抓完吗？”

“是的。这几年抓的蛇越来越小了。”

“抓了多少了？”

“大约3斤多吧。”

捕蛇者拎其网袋给我看，里面大多是食指粗细的蛇。捕蛇者说，这些大多是“火赤烈”蛇。

“这样捕蛇，生态不会遭到破坏吗？”

“哪还管得了那么多！”

我无言以对……

---

* 作者系浙江财经学院教授。

捕蛇者,继续在草丛中翻动……

由于各种先天与后天原因,生物世界中存在着普遍的生物体发展差异和强者占优现象。强势阶层控制社会加上有限理性两者形成了如此的相关性机理:在人与自然之间强调人的利益,在强势群体与弱势群体之间强调强势主体利益,在当代人与后代人之间强调当代人利益,这便形成了"当代强势主体"这一狭义的社会利益主体。狭义利益主体以追求物质利益、少数人利益和当代利益为主导行为倾向,由此构成了一种狭义利益社会行为导向。这种社会利益导向将引起物质、精神、生态三重贫困即广义贫困现象,便成为不和谐社会的本质特征。由于强势阶层只顾自身利益和眼前利益并在诸多交易行为中以弱势群体利益和生态利益牺牲为代价,不仅损害了弱势群体利益,加重了他们生存与发展的困难,而且还会导致一个更加可怕的弱弱相欺的社会后果:即弱势群体迫于生存压力与巨大的贫富差距,会导向对更弱要素的损害,使得行为同样甚至是更加短期化。牧民与牧草的压迫关系是其一例,即由于社会发展中的贫富差距扩大,牧民过度放牧,压迫更加无奈的牧草,引起草场退化。捕蛇者与蛇是另一例矣。这样的例子举不胜举。强势阶层压迫弱势群体必将引起社会的循环恶报。而社会利益越是单向度地倾向于强势阶层的短期利益行为,对多数人和后代人的权益剥夺就越严重。传统社会中,由于生产力低下,人与自然的不和谐发展矛盾累积速度慢,需要经过较长时间才能被察觉。今日西部一些地区的生态——经济贫困是秦皇汉武以来对该地区森林、土地资源长期滥用的累积性后果,中国历史上第一个天府之国陕西关中地区成为今日的贫困地区即其典型案例。而今日我国大量地区"有河皆干、有水皆污"的严峻形势,则才是昨天工业化的结果。

嗟乎,人在世界的主体性与有限理性导致了世界发展过程中的利益天平斜向于人类一边。人类为了满足自身的需要,必须以开发、利用自然资源为条件,而开发利用自然资源过程中的人类有限理性、有限能力局限与价值观、发展观偏离,则使得这种开发利用演化为对弱势群体、生态环境的掠夺与过度损害。当这种损害超出了自然界的自我恢复能力时,损害便累积起来,形成了人与人、人与自然的关系对抗,并终将导致人类自身生存危机与社会危机的加重。

贫富差距猛如虎也,不顾生态环境与弱势群体利益的行为将使人类付出巨大代价。

折翼的天使——医生怎么了

朱恒鹏*

上次聊过药价以后,朋友对此话题兴趣大增,抽空又和我聊起了医生。

一、医生怎么了?

"人们说现在是内科大夫开大处方、拿回扣,外科大夫收红包,你怎么看这个现象?"

"这种现象的确存在,可能还比较普遍。我们先来粗略地估算一下医院销售100元的药品,其中各方面大约拿多少钱。我们以单独定价的所谓新药为例,相关研究表明,在这一百元中,药厂平均拿不到40%,批发商拿不到10%,剩下的50%被医院以及包括医生在内的相关个人拿走了,其中医院大约拿走35%。其余15%被包括医生在内的相关人员以回扣形式拿走了。"

"相关人员?除了医生还有哪些人能拿回扣?"

"数量不少呢!医院内部有如下人员:医院主要领导、药剂科主任、药剂师、药品库管员、科室主任、划价处相关人员、药房出纳、医院财务负责人。政府施行药品招标采购制度后,由于大量政府机构的介入,招标办主任、卫生局局长、药事委员会的相关委员,全都进了需要公关的名单,拿回扣的相关人员也明显增加。"

"医院的这些行政人员为什么也能拿回扣?比如药房出纳?"

"药房出纳是一个很关键的环节,他负责给医药代表每月开出单据,统计哪些医生开了多少药。每月月底,医药代表会根据这一单据为医生结算'回扣',这一工作业内称为'统方'。"

"原来如此,为什么相关政府官员也拿回扣呢?"

"如果不打通卫生局局长、招标办主任这些环节,药厂可能连参与竞标的资格

* 作者系中国社会科学院经济研究所副研究员。

也没有，参与了很可能也不能中标，中标了也可能‘死标’”。

“听你这么讲，我倒真怀疑有关政府部门推行各种管制措施的真实动机了，他们到底是为了减轻患者负担还是为了谋取寻租收益，怎么几乎每一个管制措施最终的结果总是相关政府部门受益而患者受损呢？真没想到医生开出的药方养活了这么多人！”

“扭曲的医疗体制在漫长的岁月中已经培养了一个庞大的医药分利阶层。他们分布在医院、政府主管部门、还有制药行业，医药批发企业。多数国有医院都养着一大群闲人，医院里许多后勤干部一家三代在医院，后勤正式工不干活，全由医院出钱请临时工。

“而政府主管部门则利用手中的审批或检查权为自己谋取私利。听说郑筱萸一案了吧？他们那上千万的不明收入从何而来？据说一个新药从获得新药批号到获得单独定价权公关费用需要数百万，每年批准数千个这种所谓的‘新药’，总共需要多少公关费啊？

“中国有5000来家药厂、1000来家药品批发商，而成熟的市场经济国家一般不过几十家。假如医生真的合理用药了，可以肯定将有90%的药厂、批发商关门！

“所有上述这些人事实上都由医生开出的处方养活着。而所有这些费用最终都落到患者头上。其中一部分通过公费医疗制度又转嫁到了纳税人身上。其中医生拿到的并不是大头，可骂名倒全由医生承担了。”

二、医生不应该是天使吗？

“医生拿回扣、收红包是一个普遍现象吧？看来医生的道德水平的确大大下降了。”

“我不同意这种说法。根本就不存在道德滑坡这回事！

“从根本上看，引导人们行为的是利益而不是道德。在经济学看来，法律也好，道德也罢，都是人们在交往和合作中，为协调相互利益关系而达成的一些制度安排。这些制度的基本功能是规范个体的自利行为，降低交往的成本，实现各方利益的最大化。

“经济学有关人性的基本假设是，个人总是在所面对的约束条件下追求个人收益的最大化。有人称之为‘人性自私’假设。许多人从不同的角度抨击经济学的这一基本假设，但还没有人能够推翻它。

“‘人性自私’假设并不是断定人必定自私而不可能利他，更不是鼓吹人们应

当自私自利。说穿了,这一假设只不过是基于一个谁都明白的常识:没有什么能保证人人无私,也没有什么能保证某个人事事无私。既然如此,人们在考虑制度安排时当然就只能从人有可能为恶的低调假设着眼,而不能把制度安排建立在人性永善的高调假设上。所谓'害人之心不可有,防人之心不可无'就是这个意思。因此制度安排的出发点只能是:你如果无私、利他,当然再好不过;假使你出于利己之心,制度安排也可以使你的行为实际上有利于、而不是有害于社会福祉。

"由此我们不难理解现代经济学的一个基本结论:制度安排决定收益分配规则,收益分配规则决定了个人的激励机制,而激励机制决定了个人的行为,所有个人的行为合在一起决定了全社会的经济绩效。这一基本原理意味着任何人的行为都是当事人在既定的制度安排下追求利益极大化的结果。所以在经济学家看来,只有不合理的制度安排,而没有不合理的个人行为选择。

"因此,不是医生的道德水平出了问题,而是我们这个社会的激励机制出了问题。"

"医生从事的是救死扶伤的职业,他们不应该品德高尚吗?他们不应该是天使吗?"

"哪个职业不应该是天使?政府官员不应该是吗?他们的决策影响着许多人的命运,这份责任比救死扶伤轻吗?法官的判决决定了一个人的自由、尊严甚至生命,这份责任轻吗?媒体的报道或广告事关人们是否可以了解真相,事关一个人乃至一些人的名誉、尊严甚至命运,这份责任轻吗?大巴司机的行为决定了几十个人的安全乃至几十个家庭的幸福,这份责任轻吗?农民是否使用剧毒农药,影响着许多人的健康乃至生命,这份责任轻吗?

"如果医生应该是天使,谁又可以不是?"

"你的意思是?"

"道德高尚与否只能看其行为而不是思想或言论,什么样的行为是道德高尚的行为?当然是那些增进社会福祉的行为。我并不否认道德的巨大作用。但作为一个经济学者,我更相信这样的信条:不信任任何人的品德,不怀疑任何人的理性。

"上面我们已经讲了,从根本上看,引导人们行为选择的是利益取向,而非道德取向。我不能确定人们会不会为了所谓的道德或良心从事某一行为,但是我相信他的利害得失计算会诱使他从事某一行为。如果一个医术精湛、工作负责、完全根据患者的利益决定自己的行为的医生即能够获得充分的社会尊重并过上体面的物质生活,我相信绝大多数医生的理性会引导他这样工作。反过来,如果一个行为规范的医生过的却是清贫的生活,而一个损害患者利益、拿回扣、收红包的医生却过着优裕的生活。你怎么指望医生像天使一样工作?

“一般地说,一个社会是不是道德社会的重要体现是什么?是那些行为增进社会福祉的人过着更为体面的生活,这种体面既包括精神上的、也包括物质上的。只有这样,我们才能激励大家做道德高尚的人!你说是不是?如果在一个社会中道德高尚的人却过着清贫的生活,而道德水平一般的人却过着富裕的生活,你认为这个社会是个道德社会吗?换句话说,一个道德社会的重要体现是好人得好报,坏人得坏报!何谓好报,除了得到足够的社会尊重外,由高收入所保障的体面的物质生活也是必不可少的。只有这样,我们才能保证医生能够像我们所希望的那样工作。也只有这样,我们才能保证一代代的优秀青年愿意成为一名视救死扶伤为己任的医生。”

三、医生该拿什么样的收入?

“你是说国内的医生应该获得高收入?听说在发达国家医生是收入最高的职业之一。”

“不用拿发达国家说事,几十年前在中国医生也是一个高收入职业。

“医生的高收入无非是其人力资本所应该获得的报酬。成为一名合格的医生付出的时间一般不少于七八年,这一巨大的时间付出和与之相伴随的精力、体力付出应该有足够弥补这些成本的收入补偿。通俗地讲,我多上一年学、多受一年培训,收入就应该高一些。”

“这话在理。一般说来,社会需要的专业化人才应该获得比普通劳动力更高的收入。多受一年教育和培训就应该获得更多的报酬,这没有问题,可是所有的专业人员都具有这个特征,不单是医生啊!大学老师、技术人员都是这样的专业人士啊。因此,上述理由不足以说明为什么医生的收入平均说来应该高于其他专业人员。”

“你别着急,我这里首先说明医生作为专业人员就应该成为高收入群体,下面我来说明为什么在专业人员中医生也应该是一个高收入群体。你知道,和其他专业人员相比,医生这个职业的劳动强度更大一些。而且工作时间长且不规律。不过,这还不是医生应该成为高收入群体的主要原因。主要原因是下面两条。

“首先,尽管都是应用专业技能工作,但医生的知识和技能的市场价值更大。因为医生所面对的是我们的健康甚至生命,你是愿意为这种技能付高价还是愿意为我这个经济学者写的文章付高价?而且,随着生活水平的提高,我们对个人健康和生命赋予的价值也越来越大,从而对于那些照看甚至挽救我们健康和生命的知识和技能赋予的市场价值也越来越大。钱的确不是万能的,但在绝大多数情况下,

货币价值是体现我们重视程度的最有效尺度之一。

“更进一步说，我们是不是非常希望那些优秀的医生留在医生队伍中并且兢兢业业的工作？我们是不是希望有越来越多的优秀人才进入医生队伍来照看我们的健康和生命？如果我们对这一职业赋予这样高的期望，我们就应该为这一职业支付一个足够高的价格。”

“哈哈，至少比你这经济学者更高的价格？”

“呵呵，如果你希望一流的人才研究经济学，你就给经济学家支付一流的收入，如果你希望一流的人才当医生，你就给医生支付一流的收入，不是这样吗？你不会幻想一流的人才当医生却拿着三流的收入吧？”

“好吧，我可以接受这个理由。还有其他理由吗？”

“当然有。和其他专业人员相比，医生这个职业面对的风险更大，不管是技术风险还是经济风险，因此工作压力也更大。由于医生面对的是我们的健康和生命，也由于医学至今还不是一个完善的科学，加之医生也是普通人，他也难免会犯错误，可是医生犯错误的后果和其他专业人员很不一样。因此医生面对的风险很大。那些让社会称道的优秀医生都有一个基本特征，那就是对待工作如履薄冰。长年累月如此工作，身心压力和精力消耗可想而知。”

“那倒是，当个经济学家最大的风险也不过挨媒体几句骂。当医生挨骂是小菜一碟，挨打、惹一身官司甚至被杀的也不罕见。”

“是啊，既然从事的是一个风险较高的职业，那就必须获得足够的风险补偿，这是一个基本的经济规律，炒股的人都知道这个道理。这也是在大多数专业性工作中，医生的收入应该更高的原因之一。

“我们换个说法也许有助于你理解我所讲的这个理由：有两个医生，假设他们一旦出现工作失误都必须离开医生这个职业。其中第一个医生拿着挺高的收入，一旦不当医生了他再也拿不到这么高的收入了。而第二个医生的收入很一般，他即使不当医生去干其他职业，获得的收入也不比当医生少。那么你认为，这两个医生那个更珍惜医生这个工作？哪个对病人更负责？”

“好像应该是拿着高收入的那一个。”

“在经济学中，这种现象称之为‘效率工资’，就是说那些一旦离开了现有岗位再也拿不到这么好的收益的人工作态度会更认真，因为不认真导致丢掉工作造成的个人损失太大了。而那些即使离开现有岗位也能拿到不低于现有收入的人工作态度就很让人担心了。

“当然,效率工资成立的前提是:如果不认真工作,丢掉现有工作的可能性很大。如果是铁饭碗,不管工作认真与否,都无丢掉工作之虞,‘效率工资’理论是不成立的。”

“也就是说,医生本来就应该获得较高的收入,过上体面的生活。”

“是的,可是我们现在体现医生的人力资本价值的医疗服务价格被严重低估,医生为病人进行诊断、开方,患者支付的价格不过是几元最多十几元钱的挂号费。说实话,这个价格甚至还不如一个理发师。因此,如果按照目前这些政府规定的医疗服务价格支付工资,医生们的收入水平会很低,他们将只能过着清贫的生活,你觉得公平吗?”

“那么你认为医生拿回扣、收红包是对的了?”

“不!恰当的说法是,这样做不合法、但合情理!他们通过回扣和红包形式拿到的是他们本应该得到的。否则我们没有理由要求他们拿着那么低的收入还要兢兢业业地工作。

“个别医生拿回扣、收红包,可以归因于个人品质问题。如果回扣和红包成为一种普遍现象,我们就必须从制度上找原因了。李瑞环同志有个说法我非常认同:‘普遍出现的问题,就要从制度上找原因。’”

“我们知道制度有问题,可是制度在短时间内是难以改变的。”

“你的意思是制度难以改变,而医德容易提高?可事实恰恰相反,你改变不了制度,你就改变不了包括医德在内的所谓‘道德’。

“我不知道除了通过制度变革来形成规范的激励机制之外还有什么办法进行道德建设!前面我们讲过,如果那些增进社会福祉的人过着更为体面的生活,理性的个人出于自身利益考虑就会选择这样的行为。所以一个社会只要建立了这种激励机制,绝大多数人就会如此行事,而激励机制正是由制度安排决定的,或者说本身就是制度安排。因此,根本不存在脱离制度建设的道德建设。除此之外我们还有什么办法重建道德?通过思想教育或者严刑峻法吗?这么多年我们的政治思想工作做的还少吗?反倒是那些不做思想工作的国家,其道德水平倒比我们高得多;严刑峻法?这些年来医院的过度检查并不完全是为了赚钱,相当一部分就是为了防范法律风险,严刑峻法的结果还是患者吃亏。

四、问题在哪里?

“可你知道现在多数病人已经不堪重负,负担不起医生的高工资。”

“表面看似乎如此。但实际情况并非如此。

“许多人认为为了让所有的人看得起病，我们现阶段应该人为地压低医生的工资水平，他们以为这样就可以减轻患者的负担。不仅如此，他们还反对医院合理收取诊疗费。当医院难以为继，而政府又不堪重负时，有人想到了以药养医。这一政策的实施，倒是不仅解决了医院的生存问题，还养活了一大批药厂、医药公司和政府官员。殊不知，从此潘多拉魔盒被打开，回扣泛滥、腐败盛行、药价飞涨，患者的经济负担直线上升，许多人已经看不起病。

“从某种意义上说，现在许多人看不起病正是源于政府为了把医疗费降到大多数人可以承受的范围而做的种种努力。

“因此我们说，为了让绝大多数人看得起病，必须要给医生加工资。如果能够理顺医疗体制，医生工资增加不但不会增加还会降低患者负担，同时也不需要政府增加投入。

“这听起来有点匪夷所思，愿闻其详。”

“你想一想，要想降低患者的负担，是不是得让医生合理用药，合理检查？而要让医生合理用药，合理检查就必须让医生有一个合理的报酬，而且这个报酬应该取决于医生劳动付出的多少，而不是药品销售的多少。”

“我同意医生的工资应该高一些，只是你认为医生的收入应该多高比较合适？”

“这不容易确定。合理的价格本应该由市场决定，但是关于医疗服务我们尚没有建立较为完善的市场定价机制。不过，可以肯定的是，如果医生的合法收入达到今天医生包括回扣、红包收入在内的实际收入，同时又能够理顺医疗体制，那么由于节约了很大的交易成本，患者的医疗负担会有明显的减轻。有人测算过，将药价降至目前的三分之一，同时将主治医师以上职称的医生的合法月收入提高到两万元左右，患者的医疗费用平均可以减少两成。”

“药费支出下降了，可是医疗服务的费用上去了，总的医疗费用怎么降下来的？”

“医疗费用的降低来自于交易成本的降低。具体地讲，患者直接以诊疗费形式支付医生报酬，和现在这种支付高药价然后以回扣形式进入医生手中这种方式相比，中间消耗的费用少多了。在现在这种回扣模式下，医生拿到100元回扣的同时，其他相关人员也会拿到不低于100元的回扣。同时医药代表也会获得不菲的业绩提成。这不低于200元的费用都是患者以药费形式支付的。”

“我明白了，如果把医生的诊疗费提高100元，从而医生的合法收入不低于目前的实际水平。同时药价降下来，那么患者尽管诊疗费用增加了100元，但是药费却能够节约200多元，自然总的医疗费用会下降。

“可是如果这样改革，那些除医生以外拿回扣的人员还有医药代表的收益就会明显受损，他们怎么会同意这一改革？”

“问题就在于此。这就是我前面为什么一再强调‘如果能够理顺医疗体制’的原因。

“上面所讲的这种改革建议触动了现有的利益格局。事实上，改‘以药养医’为‘以医养医’是一种利益格局的调整，改革的受益者是医生和患者。但是行政主导利益集团会受损。这个利益集团既包括目前有权对医院行使管制权力的各类政府部门，也包括医院内部医生等专业技术人员之外的行政人员，这个集团是现有医疗体制的主导者也是最大受益者，在上述改革建议下，他们的经济利益和行政地位都会受损，从而他们将会是改革的反对者。医疗体制改革的困境正在于此。”

“你的意思是，在现行体制下，不可能单独给医生加工资。”

“是的，只要实质性的医疗体制改革无法进行，你就不可能单独给医生加工资。你可能没有意识到，在我们这个社会中，医生这个群体其实是个相对的、有时候甚至是绝对的弱势群体。实际上医生是改革的最大期盼者，因为他们是现行体制的受害者。”

“怎么是这样？难道医疗行业不是医生在当家做主吗？卫生部门的政府官员许多不都是医生出身吗？医院的院长绝大多数不也是医生出身吗？”

“实际的权力结构不是据此判断的。并不是医生出任卫生部长、局长、医院院长就意味着医生这个群体就是医疗行业的主导者。如果这样，那刘邦建立的汉王朝及朱元璋建立的明王朝不都是农民当家作主的政权了吗？”

“是这个理儿。可造成今天这种局面的根源在哪里？有人说是市场化惹的祸。”

“有一点可以肯定的是，不管医疗体制存在的问题根源何在，这些问题都与市场化无关。

“何谓市场化？市场化至少应该是自由进入、自由竞争、自由选择吧？市场化至少应该由市场定价吧？我们的医疗行业具有上述哪个特征？

“市场化允许凭借行政权力牟利吗？市场化允许垄断吗？市场化允许剥夺消费者的自由选择权吗？市场化允许机构臃肿、人浮于事、效率低下吗？市场化允许政府行政定价，并且比价关系扭曲吗？我们医疗体制存在的这些问题哪个是市场化导致的？

“所有这些问题明明是不折不扣的政府管制所致，明明是政府失灵，怎么扯到‘市场化’身上了？

“时间不早了，有时间再聊吧。”

合作医疗中的政府补贴给了谁？

封 进*

2003年初国务院提出《建立新型农村合作医疗的意见》,在全国范围内试点,计划到2010年实现在全国建立基本覆盖农村居民的新型农村合作医疗制度的目标。现行制度的基本原则是自愿参加、多方筹资、以收定支。每年农户以家庭为单位按每人每年缴纳“合作医疗费”,同各级政府的补助一起形成合作医疗基金。这个制度的特点可以被归纳为三点:第一,自愿参加;第二,政府补贴;第三,人头税型的缴费方式。最初在全国300多个县试点,各级政府做了很多组织和动员工作,有的地方官员表示此次是农村改革以来规模最大的一次政治活动。学术界对这个新的合作医疗制度也有很多讨论,焦点问题是自愿型制度的参与率有多大,制度自身是否可能实现收支平衡,人头税形式的缴费方式是否会使穷人受损而富人获利?前两个疑问涉及到逆向选择,收入较低而健康较好的农民可能不愿意参加医疗保障体系,造成参与率和缴费总额的下降。第三个问题涉及到平等和资源的再分配。由于患病人群和低收入人群不重合,一般说来富人会比穷人更多地利用卫生资源,因此人头税可能造成穷人补贴富人的情况。

我在2000年和2001年参加过四川、湖北和江苏的两次农户调查,有两点印象很深,一是医疗支出比较高的家庭,其他消费会明显下降,二是比较穷的家庭大多没有医疗支出。这就说明仅仅依靠家庭积蓄或借贷不能抵御疾病的冲击,需要有医疗保险减少医疗消费对其他消费的影响,同时降低医疗消费对收入的依赖,满足低收入家庭的需要。2003年的试点方案出台后,我的同事和我尝试用比较严格的方法对上述问题进行探讨。当时相关的数据还非常有限,而根据历史数据进行推测,使用一般的计量模型直接估计个体的决策行为可能遭遇类似于“卢卡斯批判”的问题,即当决策环境发生变化以后,个体的决策函数也可能发生相应的变化。因此,我们从考察中国农村个体的消费－医疗选择入手,根据历史数据估计个体的效用函数和决策环境,然后再预测个体在现行的保障制度下的决策行为。结果表明新型合作医疗的参与率可以达到92%。其次,只要把医疗支出的报销比例控制在50%左右,这个制度是可以实现自我平衡的。最后,主要受益者是收入较低

---

* 作者系复旦大学经济系副教授,复旦大学就业与社会保障研究中心研究员。

而健康也较差的个体。政府财政补贴是导致逆向选择问题较小的主要原因。医疗支出的刚性使得穷人的医疗支出倾向显著高于富人，而且由于穷人的收入偏低，遭遇健康负向冲击以后可能需要负债，这一财富效应会引起较大的福利损失。综合以上两点，穷人在保障体系中有较高的相对受益。我们的估算表明，穷人这部分较高的相对受益超过了因人头税型的缴费方式造成的相对损失。这篇文章为新型农村医疗制度提供了强有力的理论依据。

值得注意的是文章中的比较静态分析显示，如果医疗服务价格上涨，合作医疗给农民带来的福利显然会减少，其含义是政府补贴合作医疗只是一方面的政策，还需要相应的措施对医疗机构的费用进行控制，合作医疗才能有效地分担农民的医疗支出，提高他们的福利水平。那么现实中合作医疗有没有改变供给方（医疗机构）的行为呢？探讨这一问题的意义在于，如果政府补贴合作医疗基金的同时，也导致医疗服务的价格相应上涨，那么政府补贴有一部分是给了供给方。接下来的问题是这个价格上涨是如何发生的？会上涨到什么程度？政府补贴到底补贴了谁？

在现实中寻找证据是重要的起点。现有的调研报告表明，合作医疗的引入的确引起了医疗费用不同程度的上涨。在安徽对 8 个定点乡镇卫生院的调查发现实行合作医疗后，患者的次均住院费用和住院天数较之前有所增加。患者次均住院费用增长 5.7%，加长了 0.7 天。对云南玉龙县的调查表明，实施合作医疗后，平均次均门诊费用 26.92 元，住院费用 1674.08 元，这两个数字前三年平均分别为 25.33 元和 1176.50 元，住院费用上涨十分明显。世界银行著名的卫生经济学家 Wagstaff 教授用他掌握的关于中国的丰富数据做了比较深入的计量分析后指出，医疗保险有时的确增加了医疗支出风险，即引入医疗保险反而使得人们支付的医疗费用增加了。复旦大学公共政策与社会发展学院有一个团队一直在做上海医疗改革的方案设计，他们承担了上海长宁区社区卫生服务机构的规划和松江区农村新型合作医疗的设计，在政策设计和操作方面有十分丰富的经验。与他们多次交流后，我得到一个初步的判断：在现行的农村医疗体系中并不存在有效的费用约束机制，引入医疗保险后，医疗价格上涨是必然的。农民承担的医疗费用最终会和没有医疗保险时一样，政府补贴会全部流向供给方。推理过程如下：

可以将农民可选择的医疗服务机构分为乡镇卫生院和县级医院两个层次。乡镇医院和县医院都可以提供一般的医疗服务，至于选择县医院还是某一个乡镇医院主要取决于离医院的距离和信息因素，比如对某一家医院比较熟悉。但如果要治疗大病，如住院开刀等，农民就必须去县医院。在现实中县医院数量是很有限的。因此，从中国农村的医疗市场结构看，治疗大病的医疗服务具有垄断的性质，而一般的医疗服务市场可以看做一个垄断竞争的市场。

农村合作医疗制度的报销规则可以简化成实际费用的一个比例，并有一个封顶线。有了医疗保险，相当于农民得到的实际价格水平下降，原有的均衡条件发生了改变。县医院对于大病的治疗具有垄断力量，又具有信息优势，而农民对大病医疗需求的价格弹性一般比较小。多数县医院可以看成是利润最大化的主体，其有动机和能力提高治疗大病的费用，如延长病人的住院时间，增加检查项目，增加药品用量等，使费用上涨到原来的均衡水平，即看大病农民实际承担的费用水平与没有合作医疗的时候是一样。

一般的医疗服务是一个垄断竞争的市场，在引入合作医疗后，县医院依然有能力将费用提高到与没有合作医疗的时候相近的水平。原因在于：选择去县医院的患者主要是靠近县城和一些来自其他各个乡镇的人，假设他们是这个县里收入水平相对较高的人，其需求价格弹性比较小。在引入合作医疗的同时县医院提高费用，选择离开县医院去其他乡镇医院的人不会很多。这时各个乡镇医院的医疗费用理论上有两种情况：一是都维持原来的费用，二是把费用提高，使得农民自己承担的费用与没有合作医疗时一样。在追求利润的动机下，只会出现第二种均衡。

现实中对基本医疗服务有比较多的控制措施，比如对每一项服务的收费、平均住院天数和药品用量等都有具体的规定。与费用上涨相随的通常是医疗设备投资的增加。有了医疗保险后，医保定点医院的就诊量会增加，财务状况得到改善，县医院就有能力去购买技术含量比较高的设备。由于技术含量高的设备带来的利润率高于一般的基本医疗服务的利润率，而且，先进的设备可以吸引一部分收入较高的患者，所以县医院有动机去投资医疗设备。如果医疗保险促进了医疗服务的升级，那么有医疗保险后患者负担的费用就可能比以前还要高。当然这时患者得到的服务也提高了，问题的关键是这样的服务是不是必要的。这就要区分不同的患者。作为一种正常的商品或服务，医疗需求也和收入有关，收入高的人对高质量服务的需求要高于低收入的人。因此可以认为在医疗服务升级医疗费用上涨过程中受到损失的主要是低收入的农民。

可见，在缺乏竞争环境或对医院的医疗费用总量没有控制时，对合作医疗的政府补贴实际上是落入供给方。当然合作医疗对医疗费用的影响究竟如何还需要严格的实证检验，它与当地的医疗市场结构、费用控制措施、地方政府对医疗机构的投入等有直接的关系。

有些不公平要逐步取消

陈　宪*

在今年的"两会"上，温家宝总理在政府工作报告中提出，要"让所有孩子都能上得起学，都能上好学"。我理解，"让所有孩子"在义务教育阶段"都能上好学"，道出了受义务教育权利的真谛：公民基本权利的绝对公平。为此，我在今年《新民周刊》第13期上写了一篇"言论"：《有些公平是绝对的》。文章发表后，我产生了一个"逆向思维"：有些不公平要逐步取消，也应当是绝对的。当然，我们清醒地知道，在当下中国，无论提出属于公民基本权利的义务教育、公共卫生、基本医疗和最低保障等的绝对公平，还是取消那些明显与时代发展不相适应的不公平，都在很大程度上是法律意义、目标意义上的，其实际操作的难度，是不难想象的。但是，如果现在仍然不以这样的方式提出问题，并开始着手解决问题，那么，科学发展观的统领，和谐社会的构建，以及"共建共享"的实现，就都将是"纸上谈兵"。为了增加拙文的说服力，笔者用两个比较极端的例子，一个是与农村普罗大众有关的户籍制度，另一个是与高级干部有关的待遇终身制，说明有些不公平必须逐步取消。

中国户籍制度沿革的话题颇为沉重。建国初期形成的农业户口和非农业户口的二元户籍制度，是在特定历史条件下，适应国家发展战略的一种选择。尽管这种选择不是唯一的，但它有着某种无奈的合理性。因为，在当时的发展水平条件下，如果不实行城乡分治，那么，工业化的资本原始积累将历时长久。这是当时的国际、国内（主要指台湾问题）环境所不容许的。然而，这一选择一旦做出，就将作为发展问题的二元结构，同时作为一种制度安排。这恰恰是中国二元结构问题的特殊性，以及之所以表现得比较严重的原因所在。

户籍制度在所有二元结构的制度安排中，是元制度，由此决定了其他一系列制度，如义务教育制度、医疗卫生制度、就业制度、退伍安置制度和公务员录用制

* 作者系中国人民大学经济学院博士、讲师。

度等。二元的户籍制度，对个人意味着，一旦出生在农村，是农业户口，那么，即使穷其一生的努力，也很难改变自己的身份——农业户口的身份；对社会意味着，固化和强化了城乡间的巨大差异，并且在很大程度上阻碍了劳动力的流动。自改革开放以来，虽然劳动力自由流动的限制减少了，但市场化进程带来的优胜劣汰，使得城乡差距进一步拉大。因此，我们还需要更加深刻的改革。人类社会已经步入现代文明社会，中国的改革开放也近30年，在这样的社会背景中，公民身份在法律意义上的平等，应当是无可争议的。如果现在我们还容忍人生下来就有不同身份的现实，那么，我们的良知是否会感到无地自容呢？答案当是完全确定的。

作为对这一现实的回应，公安部最近披露了一个消息：已有12个省、自治区、直辖市相继取消了农业户口和非农业户口的二元户口性质划分，统一了城乡户籍登记制度，统称为居民户口，实现了公民身份法律意义上的平等。至此，在全国范围内建立城乡统一的户口登记制度，进一步推进户籍制度改革被提上了议事日程。相对而言，户口登记制度改革比户口迁移制度改革要容易得多，采取先易后难、循序渐进的策略，在户口登记制度取得一定进展时，加快推进户口迁移制度改革，将有利于劳动力这一生产要素的自由流动，进而有利于城乡和地区差距的缩小，以及市场经济体制和机制的发育。这一更加深刻的改革将进一步触动一整套城乡二元制度安排的内涵，尽管难度加大，但意义也更加深远。

改革高级干部待遇终身制，更不是一件轻松的事情。今年的全国政协会议上，全国政协委员、国务院参事任玉岭提交了一份“改革高级干部待遇终身制宜早不宜迟”的大会发言。他认为，高级干部待遇终身制，是解放后为安置戎马一生的开国元勋们的晚年生活留下的。时至今日，仍然延续高级干部待遇终身制，不仅加重国家负担，还导致了官场作风的特殊化。不仅如此，我们现在所看到的干部使用的不正之风，以及严重的“买官卖官”现象，都与这一待遇终身制有着某种程度的联系。

任玉岭委员说，目前我国的一些高级干部退休了，还享受着秘书、警卫、司机、勤务、厨师、保姆、专车、住房以及特殊的医疗待遇等，这不仅违背了责、权、利相统一的分配原则，而且也造成了“官本位”思想的严重化。前不久，卫生部前副部长殷大奎引用中科院一份调查报告的数字称，在中国政府投入的医疗费用中，80%是为850万以党政干部为主的群体服务的。他还透露，全国党政部门有200万名各级干部长期请病假，其中有40万名干部长期占据干部病房、干部招待所、度假村等，一年开支数百亿元。由此说明，在中国目前的卫生医疗服务体系中，存在着严重的不公平现象。这些不公平的确到了要改一改的时候了。

当然,这种对既得利益的改革是十分艰难的。

经验告诉我们,对既得利益格局作较大调整的改革,往往存量部分不宜做大的变动,而对增量部分则要增加改革的力度。目前提出的建议也基本是沿着这样的思路。就像任玉岭委员建议的,对现在年龄在55岁以下的高级干部,不论什么时间退休,都不应再享受工资外的其他待遇。将55岁作为一个分界线,即解放之后出生的一律实行新办法。进而,从现在起,在政府系列实行退休公积金制度,即像新加坡那样,每个月由公务员工资中抽提公积金20%,并由国家补给同样数额,作为退休公积金,并作出规定,对现在年满35岁以下的公务员,在其退休时,不再领取退休工资,而应靠退休公积金养老。同时,要把改革干部待遇终身制节约下的钱,主要用于建立社会养老公积金,加大对整个社会的扶持,并按照岁数越是增长,国家给予的保障越是增加的办法,使社会养老问题步入科学有序的轨道。总之,无论从国情实际出发,还是从反腐倡廉考虑,都有必要对高级干部的待遇终身制进行改革,而且,宜早不宜迟,改得愈晚,阻力愈大,难度愈大。

无论作为公民基本权利的绝对公平,还是取消那些已经不合时宜的不公平,都需要一个较长的过程,需要逐步调整到位,才能获得具有实质性的进步。一方面,要在效率与公平的观念上,求得新的平衡。中国社会在相当长的时期内,人们是“不患寡而患不均”。改革开放近30年来,这一思想观念已经受到很大冲击。但另一种倾向在悄然滋生,那就是“笑贫不笑娼”,对那些由于种种不公平的制度安排而导致的贫困,社会表现出麻木不仁。这同样是十分危险的。我们要像曾经对平均主义、“大锅饭”来一场矫枉过正的革命一样,对当下那些极端的物欲主义说“不”。另一方面,我们现在就要做出实实在在的努力,科学地确立社会公平公正的阶段性目标和最终目标,全面创造和完善有关条件和保障性措施,将社会公平公正的理想,化为各种可操作的现实行动,进而走向我们期待的和谐社会。

从两头往中间走:在确立与公民基本权利有关的公平公正目标,并以实际的措施加以落实的同时,逐步取消已经明显不合时宜的不公平的制度安排,社会公平公正问题将在一定程度上得到改观。也就是说,确定一些现代社会必须的、基本的公平公正,再取消一些当下可以也应当取消的不公平,我们就能在构建和谐社会的意义上,取得一些实质性的进步。事实表明,在效率与公平、社会和谐这些问题上,中庸之道经常是有效的,且有益的。

目标的实现与激励的相容

——来自军队的启示

卢昌崇*

在战争中，元帅与士兵的目标既有一致的地方，也有相异之处。打赢战争，减少伤亡，是元帅与士兵的共同愿望。相异之处在于目标的排序：元帅以赢得战争为第一，减少伤亡为第二，而士兵则以自身安全为第一，赢得战争为第二。

一支军队作为一个整体，在战争中只有人人向前，骁勇善战，不避艰险，不畏牺牲，才能赢得胜利，减少伤亡。只有这样，才能从总体上既满足元帅的目的，也符合士兵的愿望。因此，从战争的总体目标出发，人人都应该奋勇向前才是。但从士兵的角度看，一马当先或奋勇向前则意味着自己不伤即亡，若伤亡在即，胜利于我何益？况且作为个体，士兵只能控制自己的战斗行为：如果我往前冲，别人向后撤，则我亡人存；如果我往后撤，别人也往后撤，全员皆撤，那就要比脚下的功夫，看谁撤得快。所以作为个体，一个理性的选择是：他人在前我在后，他人先冲我后上；他人迟疑不前，我就悄悄开溜；大家都想溜，我就捷足先溜。如果人人都持定这样的想法，则兵帅均亡，满盘皆输，个人的理性选择招致了集体性的灾难。

为解决这一矛盾，军队开出的药方与其他组织也并无二致，赏罚并用或规范地说，是正激励与负激励兼收并蓄，差别在于运用的形式和艺术。

先说正激励。

战前及战争中的宣传鼓动作用是非常重要的。古人作战最讲求士气调动，就是说除了战争的硬件条件外，还要注重软件建设，即重视战争主体——人的作用，所谓“一鼓作气”，说的就是这个道理。在兵家泰斗毛泽东的政治军事思想体系中，人在战争中的作用被提升到了极致，如战争胜利愿景的描绘，军队中设立政治委员，支部建在连上，强调政治思想工作，强调政治宣传作用，注重政治思想觉悟的提高，战前动员大会，爱国主义教育，战前忆苦和讨伐声势的营造……凡此种种，都无不在他运筹帷幄的战争艺术中，被发挥得淋漓尽致。解放战争中，有经验的老兵透过《白毛女》戏剧的演出，就能够嗅出大战在即的味道。

---

* 作者系东北财经大学工商管理学院教授。

战后的奖励形式更多，如表彰英雄，按功行赏，加官晋级，抚慰战争遗孤等等。军队中的各级长官都或多或少地享有一些特权，这些特权也扮演着正激励的角色。升迁与否，要看你的战争绩效；只有奋勇向前，才会获得升迁的机会。再说啦，官位越高，在战争中伤亡的几率才会越低！这与士兵和下级军官减少伤亡，打赢战争的目标排序是吻合的。

再说负激励。

体罚、打骂是一种较为常见的负激励。古代军队中的割耳、鞭笞、流放、差遣苦役，现代军队中的批评、教育、警告、记过、关禁闭等，都是负激励的表现形式。夺命是负激励的最高形式。古今中外的军队都设有不同形式的督战队，对临阵脱逃和开小差的士兵，都无一例外地施以夺命的极刑。所以，开溜的想法是断不可有的，只能奋勇向前；左右都是一死，何不来得壮烈些，九泉之下还会荫福家人。

人们通常以为，军服或为草绿，或为米黄，或为迷彩，只是一种便于伪装的保护色。其实，军服也是一种区别敌友的标志。战败之际，不同的服饰使溃散之敌暴露在光天化日之下，有利于对方识别、清剿。所以残兵败将在溃逃之际，第一件事儿是把军服甩掉。不胜则败，不进则亡，军服在溃败之际也发挥着一种负激励的作用。

"置之死地而后生"，是一种将正负最高激励形式都演绎到极限的一种战法。它为全军模拟了一种死期逼近的环境，生机只在奋勇向前。但此法的适用条件较为苛刻，一旦失败，战争成本较高。古者，有马谡高山扎寨，错失街亭，迫使诸葛亮罢兵北伐的战例。今者，有抗日战争中的南京卫戍司令唐生智。他战前请缨，信誓旦旦，试与南京共存亡。为表示背水一战、自断退路的决心，他将渡船全部销毁，让原来两艘可容七八百人的轮渡开赴汉口，同时指示江北的胡宗南第一军和江南悒江门外的宋希濂36师：若有人私渡，军法处置。岂料战事未几，唐生智却突然向各路守军发出撤退命令，自己也背弃了与南京共存亡的誓言，于1937年12月12日晚8时许，乘坐为他保留的最后一条小汽艇北渡长江逃窜，成为中华民族的千古罪人。"置之死地而后生"的激励原理既适用于组织，也适用于个人。有人考托福，不惜大事张扬，搞得整个单位人人知晓，既拉开了一种不成功决无退路的架势，也巧逼单位提供种种备考的便利，可谓一举两得。也有的人，躲躲闪闪，遮遮藏藏，生怕考不好无颜面对江东父老，也辱没了自己经营有年的名声。相比较之下，前者在备考中将鼓足风帆，高歌猛进，胜利指日可待，而后者则欲步越趄，甚至中途见弃。

军队中的功过显示机制也很值得把玩。古人作战讲求阵法，如长蛇阵、八卦

阵、鹤翼阵、鱼鳞阵…… 施演阵法时，军师或将帅通常登高而立，手握小旗，依阵法要求及敌情变化，指挥士兵或前进、或迂回、或包抄掩杀、或后退；士兵则各就各位，各司其职，依军师或将帅的号令而行动。阵法既注重团队协作，又讲求个体分工，士兵们的一招一式，一进一退，无不显示他的战争绩效，为战后论功行赏，按过处罚，提供了准确的依据。

以上说的是如何在战争中激励自己的军队。那么敌人呢，除了穷追猛打，还要不要"拉拢与瓦解"相结合，也来点儿"激励"呢？毛泽东和他领导的中国军队在这方面拿捏得最是火候，也最有"心得"，尤其值得我们细细地品味。

先说"激励"俘虏。以优待日本战俘为例。

1937年9月，林彪指挥八路军115师首战平型关，取得了歼灭日军千余人的辉煌战绩。但战场上没有活捉一个俘虏。当时，日本士兵受军方的欺骗宣传，在战场上极为顽固、凶残，即使受伤也拼命抵抗，不做战俘，直至战死。日军的拒降行为甚至给我军造成了一些无谓的损失：我方一名通讯员见汽车底下卧着一名日本伤兵，便趋前施以援手，不想却被那伤兵扬手一刀刺中腹部；另一名军人背负着一个气息奄奄的伤兵赶赴救治，那伤兵苏醒过来，一口咬掉了我方军人的耳朵。

平型关战役后，八路军总政治部根据日军士兵抗拒受俘的实际，发出了优待日俘的指示："对敌之俘虏应加以优待，伤兵应给以医治。在火线坚决拒绝之敌人自应杀伤，但已被缴枪俘虏者即应多方面加以政治宣传后，再行处理，不应因其拒绝再行加害。"同年10月，发出了《对日军俘虏政策问题》的四项命令。1938年11月，鉴于"日军士兵在作战后失去联络一星期以上后归队者皆被枪杀"的情况，八路军总部及时推出了优待俘虏的新规定："今后凡捉到俘虏，除特种人员劝其留在我方以外，其余的不论表现如何，一律尽量优待，并发动群众慰劳，给以很好影响，立即欢送释放，至多不得超过3天。"1940年，又特别增加了优待日俘的具体条款，如"对待日俘须以兄弟待遇之"，"愿意与家族或友人通信之日本士兵，应尽可能予以方便"，"对战死或病死之日本士兵，应在适当地点埋葬，建立墓标，记其姓名、年龄、原籍、所属部队、等级、死亡状况，埋葬年月日及碑文"，等等。

在物质生活上，日军战俘也得到了实实在在的关照。当时八路军的月津贴为：士兵1.5元、排级2元、连级3元，而日俘一律享受连级军官待遇。中国官兵吃小米，日俘却主要吃大米、白面。后来，总政治部还专门发布了《关于日本俘虏优待办法的规定》，其要点是：伙食费标准比我军官兵增加一倍；年节、纪念日，进行会餐；粮食供应机关应尽量拨付白面、大米；津贴费，每人每月 5 元；衣、被、鞋、袜应按需优先发给。

“激励”日俘的政策效应是明显的。平型关战役后，我军在战场俘获的日本官兵越来越多，向我方主动投诚的日本官兵也渐渐地拉开了帷幕。在八年抗战中，八路军和新四军共俘虏日军官兵7118人。这是一个了不起的战争绩效，也是一支抗日战争中的反战同盟军。这支同盟军让我军官兵尽快熟悉并适应了日军的战法与战术，教我军战士拼刺刀，潜入敌后搜集情报，直接或间接地提高了我军的战斗力。战俘们通过“写信和日本兵谈心，战壕喊话和吟唱民谣，散发反战传单和宣传画，向日兵发送慰问品”等活动，瓦解了日军的抵抗意志，消减了日军的战斗力。还将一部分俘敌放回去，成为八路军优待俘虏的活体标本，使日军在后来的作战中不怕当俘虏，从而降低了抵抗强度。也有一部分被俘人员直接走向抗日前线，成为剿灭敌人的有生力量。此类举措无疑减少了我军的战斗伤亡，加速了战争目标的实现。

再说“激励”降兵。以国民党投诚起义部队为例。

人民解放军对国民党投诚起义部队的基本政策是：宽大为怀，不咎既往；按功奖掖，资助还乡；政治上与本军一视同仁，待遇上与本军一律平等。对起义部队的将领始终采取支持、团结、委以重任的政策。邯郸起义后，高树勋的起义部队被改编为“民主建国军”，高树勋任总司令。济南起义后，吴化文的起义部队被改编为中国人民解放军第35军，吴化文任军长。傅作义率战区20多万守敌倒戈，部队接受改编后仍高居官位。军衔不变，待遇不变，激励强度由此可见一斑。

“激励降兵”的效果极为显著。解放战争期间，来自国民党的倒戈部队有177万之众，几乎占了国民党军队总数的1/4。其中，陆军153个整师，海军大小舰艇74艘，空军飞机26架，起义投诚将军1400余名。

优待俘虏，善用降兵，在历史巨人毛泽东的股掌之中被捏揉得登峰造极，炉火纯青。他使战争中的激励成为一门艺术，为自己呼风唤雨的政治军事生涯增添了另一道风景。纵观历史，环视全球，长于此道而出其右者，可谓“前不见古人，后不见来者”。以敌制敌，借力打力，分化了敌人的阵营，瓦解了敌人的战斗意志，消减了敌人的战斗力量；化敌为友，彼消我长，直接改变了敌我双方战斗力量的对比态势。凡此种种，都降低了军队的战斗伤亡，降低了战争成本，促进了战争的进程，提前实现了战争目标。同时，也高屋建瓴般地解决了元帅与士兵战争目标排序的冲突，实现了战争目标与激励方式的相容。

军队是一个特殊的组织，战争中所遇到的问题也存在于企业或其他类型的组

织中，例如在目标排序上，经营者阶层视企业生存、长期发展和利润最大化为第一目标，将成本支出，包括员工收入和脑体力支出列为其次；而员工的目标排序则恰恰与此相反，他们将增加自己的收入和安逸享乐甚至是“偷懒”列为第一，将企业长期发展和其他利益列为第二。因此，存在于军队中的目标冲突及激励的艺术，于企业或其他组织也不无启迪。

对于组织或企业而言，战争及军队的启示意义在于：1.某些强制性的负激励措施，如行政手段处罚和政府管制等，是必要的。2.作战中士兵少打枪、不瞄准乱开枪或脚底抹油——开溜等行为，与现代企业组织团队作业中有人偷懒、怠工等消极行为，多有相似之处，因此运用正、负激励手段，奖勤罚懒，也始终是企业“将领”使役“士兵”的不二法门。生产作业的组织形式与古代战争中的阵法颇为相似，于显示员工的工作绩效也很有启示。齐宣王组织300人的合奏，南郭先生得以滥竽充数，改为独奏后，南郭先生只好开溜。计件工资，计时工资，单兵作业，团队攻关等，不同的作业组织形式往往会产生不同的激励效果。

3.在战争中，极刑是对官兵的最高惩罚，而企业充其量只能将员工“开除”，从表面上看两者相去甚远，但若施用得当，也会创造异曲同工的效果。极刑于生者而言，意味着已经无路可退，只能选择奋勇向前；被解聘的人若就业机会较多，解聘就不会起到警训作用。在晋商的乔家字号中，新人入号须有保人举荐。保人须殷实，且与字号有商业利害关系，但东家不能向自号推荐人位；保人还要负担新人学徒期内的衣资与零用钱，并对其有管教之责；若是掌柜入号，则需多人连保。设置一定的再就业障碍是十分必要的。在西方国家，前任雇主的推荐信往往是再就业时的敲门砖，若前雇主评价较低，寻找下一份工作时就会遇到障碍。这种非正式的制度安排，很值得我们借鉴。如果能像晋商那样，保人举荐不实要承担连带责任，则推荐信的效果就会更好，对解聘者的警训力度就会更高。说的稍稍远一点儿，中国人的举荐信用在全世界恐怕是最差的国度之一。我每年都为到海外求学的学子们写推荐信，坦率地说，都是用放大镜看优点，不说或少说缺点。因为我不必为内容不实而承担责任，而且我也知道，我在信中说些什么并不重要，左右对方都不会相信。如此便形成了恶性循环。

最后，对俘虏和降兵的激励与组织的所面临的问题似乎远了点儿，但其“借力打力，化敌为友”的种种制度安排，于组织处理与竞争对手的关系，尤其是目前较为流行的组织间竞合关系的形成，在思想层面上仍有拓展和挖掘的必要。

中国民航有关管理当局应该学习一点经济学

姚益龙*

2005年,中国首家低价、低成本航空公司——“春秋航空公司”成立。“让更多普通大众坐得起飞机,让乘飞机旅游进入千家万户。”这不由得让人想起亨利·福特80年前提出的让所有的福特公司员工都能开得起汽车的著名口号。“春秋航空公司”早在成立初始,就推出了上海－烟台199元、上海－绵阳299元的促销价,仅相当于现有大航空公司全价票的2~3折。据说,春秋航空的票价通常是市场平均票价的3.6折 。在竞争激烈、几大老牌航空公司几乎处于绝对垄断优势的局面下,这样一家以“低价竞争策略”宗旨的民营航空公司却受到了消费者的欢迎和市场的追捧。民航资源网近日展开的《2006年中国低价航空调查》结果显示:旅游、探亲的旅客,有七成选择飞机作为交通工具,其中选择低价航空公司占到了55% (新快报2007年2月18日报道)。“春秋航空”公司就这样在业内外的众多疑问声中开门运营。一年后,这家只拥有3架租赁来的A320飞机的民营航空公司就在国内几大航空公司纷纷亏损的情况下不仅实现盈亏平衡, 而且在2006财政年度实现利润3000万元、平均1架飞机赢利近1000万元的佳绩(杨婧,《中国企业家》2006)!

然而,这家“初生牛犊”由于不遵守行业内几家大寡头共同制定的“传统游戏规则”,出售“价格过低的机票”,受到了行业内所有实力强大的大航空公司的种种打压。他们或同时推出折扣更低的机票;或利用关联方阻碍、刁难这家羽毛未丰的“雏机”;或联名向有关政府部门投诉。由于政府有关部门的干预,春秋航空终于由于机票“价格过低”而被山东省济南市物价局处以15万元罚款。春秋航空在上海至烟台、绵阳、南昌三条航线上推出的超低价机票也被勒令停售。

民营低价航空公司及其超低价机票的出现,使得人们很容易想起几年前曾经昙花一现、很快被国家民航管理当局叫停的“红眼航班”。在加入WTO、民航日益走

* 作者系中山大学岭南学院教授。

向市场化、国际化的今天,我们看到了一个十分有趣而矛盾的现象:由市场自发形成、民营资本自主投资的低价、低成本航空公司就像当年的“红眼航班”一样,在受到消费者和市场热烈追捧的同时却受到了以保护消费者权益和生产者利益为己任的政府有关管理当局的打压和限制。然而,有关航空管理当局种种罚款、限价的措施符合市场经济公平竞争的原则吗?这些措施真的保护了广大消费者的权益和生产者利益吗?

首先,让我们来看消费者的权益。毫无疑问,这种低价、低成本航空公司的出现极大地增加了消费者的总利益。价格的下降不仅使得原有的消费者支付了更少的货币,而且使得以前坐不起飞机的消费者能够消费,使得中低收入的白领阶层、少数基层公务员、教师外出旅行时有更多的选择,使得部分高校学生甚至部分农民工可以降低春节回家求购火车票的难度,间接减轻火车、汽车的拥挤程度。低价、低成本航空公司不仅使原有的机票价格下降,而且扩大了消费者的购买量、增加了消费者人数和层次,增加了其他消费外溢效应,从而增加了整个社会消费者的利益。

其次,从保护生产者特别是保护国有航空公司利益方面来看,允许和鼓励这种低价、低成本航空公司的存在使得航空市场的蛋糕不断被做大,也能够增加生产者(各航空公司)的利润。尽管从表面上看,低价、低成本航空公司的加入使得航空市场的竞争加剧了,但是经营得法的航空公司却仍然可以通过不断扩大销售量和降低成本从其他渠道获取利润。

第一,航空产品具有较大的收入弹性和较高的价格弹性,降低价格能够大幅度扩大销售量,并且降价所引起的收益增加大于降价带来的损失额。相对于轮船、火车和汽车而言,航空具有快速、舒适的特点,相对属于奢侈品。它的消费对象主要属于收入较高的年轻的都市白领或偶尔消费一次的低收入消费者,因而具有较大的收入弹性。人们收入的增加,将会将更多的交通支出花费在航空方面。与此同时,低价、低成本航空公司的消费群体大多属于我国高收入群体中的低收入者,他们年轻、工作节奏快、喜欢小团体旅游并且自掏腰包,对价格较为敏感。明白这一点,对于固定成本相对较高、流动成本较低的航空业来说就显得尤为重要。降低机票的价格可以较大幅度地扩大销售量和销售额。如果机票价格过高,就可能使这些年轻人以及高收入的农民工放弃航空旅行。这样航空公司相对较高的固定资本投入就难以收回。显然,只要机票价格下降带来的销售量的增加额大于价格下降引起的损失,企业的利润总额还是增加了。这实际上就是人们常说的“薄利多销”。

国有航空公司的大老们应该尽快习惯于微利时代获得正常利润，接受航空业的暴利时代结束的现实，像创维集团一样接受一台电视只赚20元利润的现实。

第二，航空产品具有较大的市场需求潜力和拓展空间，降低机票价格能够拓展其他层次市场潜力。我国是一个典型的多元市场结构，人们的收入水平、消费层次存在着巨大的差异。航空市场具有明显的梯度特征。尽管座椅空间略微狭小，没有免费餐饮，免费行李额度通常要比老牌的航空公司低5公斤，但与这种服务相适应的价格对中低收入消费者仍然有着广泛的吸引力。春秋航空的平均客座率是95.4%，高于老牌的航空公司2成之多。

第三，低价机票的长期维持可以来源于成本的降低。春秋航空之所以能够长期维持低票价，在于能够长期维持较低的经营成本。他们基本"抄袭"拥有30多年赢利记录的美西南航空公司的"低成本经验"：经营直接（不绕行）的中短途飞行航班，使用一种型号的飞机(以减轻维修、保养、飞行成本)，专注二类机场（避免高价机场费和长时间等待起飞和降落，利用互联网和旅行社组团营销。一直以来，春秋航空的营销费用差不多只占总成本的1.5%(老牌的航空公司要占到8%～10%)(杨婧《中国企业家》杂志）。这些措施成为春秋航空低成本的主要源泉，也是与老牌航空公司"成本控制"的最大区别。

因此，那种认为提高或控制机票价格就能够防止国有资产的流失，而降低机票价格就肯定是国有航空公司利润降低的说法毫无理论依据。即使从保护国有航空公司利益的角度出发，考虑到航空产品具有较高的收入弹性和价格弹性，考虑到销售量的扩大和成本的降低，降低机票价格，放开"红眼航班"市场，也能够增加航空企业的利润。以"春秋航空"公司为代表的这种低价格、低成本航空公司之所以能够在强手如云的航空市场取得成功，实际上是借鉴了现在广泛被各种MBA、EMBA等管理培训课程广泛引用的国际经典案例——美国西南航空公司的成功之道。这种低价、低成本航空公司和"红眼航班"的出现不仅极大地增加了消费者的利益，而且也同样有利于经营者将航空市场蛋糕做大，从而增加自己的利益。春秋航空的开拓者们敢于冒天下之先，就在于比那些老牌的国有航空公司领导和有关管理者更加理解、明白这些经济学的原理。况且，保护消费者利益、保护处于弱势地位的民营航空企业的利益，打击和限制垄断本来就属于政府有关管理部门的主要职责之一。这确实值得我国的民航管理者和其他航空管理者反思。

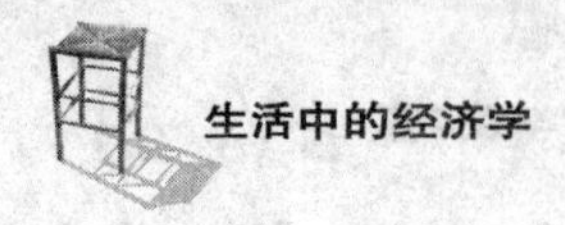

男女有别

——从何炘基近著《情是何物？》说起

黄有光*

今年初到城市大学访问，蒙副校长何炘基教授赠其近著《情是何物？》一书。此书由牛津大学于去年出版，收集何教授近年在香港信报的文章，“以科学态度看种种形而上学的问题”（信报社长林行止序），“处理情绪和感情的各个面向，论述有据之处，妙趣横生”（台大熊秉元序），从“花落谁家”到“人可貌相”，从“男女之别”到“情绪的经济作用”，直觉、懊悔、堕胎、宗教信仰等，几乎无所不谈。何教授曾修读生物学，能集经济学与生物学之大成，深入浅出地论述各种有趣的问题，笔者可以诚心向读者大力推荐此书，读者应能在有趣阅读之余，增加许多有用的知识。本文补充关于男女有别的论述。笔者未曾修读生物学，但曾涉猎达尔文进化论，自信能掌握其基本原理，应该不会过分误导读者。

何教授从三年前哈佛大学校长 L.Summers 因关于男性在科学上的能力（aptitude）较高的谈话而惹祸谈起。其实认为男女有别，未必也认为男女不平等。男子的数理能力强、智商高，而女子的语言能力强、情商高，不是很平等吗？

男女有别　　（范建平）

进一步说，数理能力强、智商高，适合于科技研究等工作，而语言能力强、情商高，适合于领导与管

* 作者系澳大利亚莫纳什（Monash）大学经济系教授。

理。由女校长来领导男教授,女总统、女经理来领导政府与公司,应该是很合适的,也开始有这种趋势。将来女子是否能够在这方面超越男子?至少在民主国家,可能妨碍这趋势的主要因素,不是法律与文化,也不是生儿育女的负担(这是第二要素),也还是女子天生没有男子这么强的争取第一的冲劲。这冲劲上的差异,也是由于生物或进化的原因(下详)。

关于男女之别的生物学或进化论原因,何教授强调男子精子的数目(以百万计)大大大于女子卵子的数目(一般每月一个),使女子择优而交,而男子比较滥交(何书第4页)。这结果(男子比较滥交)是进化生物学关于男女有别的ABC,肯定是对的。不过,我认为原因主要不是精子与卵子的数目差别。一个女子在生育期,每个月虽然只有一个卵子,但一生也有几百个。如果主要是卵子数目的限制,通过滥交而能把基因有效地传给即使只是一百个孩子,也是很值得的。

一个女子怀孕后,还必须九月怀胎,一两年喂奶,这期间不能再怀孕(天生性能,以集中精力喂大孩子)。此后还要相当多年的照顾,才能把孩子养大到能够生存的年龄,才能有效地把自己的基因遗传下去。因此,女子天生择优而交,并且要找一个能够保护自己和孩子,及帮助自己把孩子养大的男子,自然重视身材高大,及有物质或经济能力。

相反的,一个男子,只要半小时,就能够把基因遗传下去,滥交的回报很大,几乎人人有这种倾向。这倾向使一个男子的基因遗传可能性极大化,但未必使其幸福极大化。虽然有所谓“齐人之福”,但我比较相信我妈妈在世时经常说的:“头条苦,一个人两个老婆。”真正能使幸福极大化的,是能够双方配合的夫妻关系。如果男人们能够认识到基因遗传极大化,未必是幸福极大化的道理,就可能可以少犯“错误”,避免或减少克林顿的烦恼。如果女人们能够认识到男人的这种倾向只是天生本能,就能避免或减少过分的悲伤,甚至像林黛(60年代香港影后)那样的自杀而亡。

尤其在一夫一妻制之前,一个男子,如果能够成为部落之头人,就能得到和许多女子交配的机会,大大提高他的基因遗传可能。女子受一生能够生养孩子数目的局限,成为头人对基因遗传的作用相对小。因此,女子天生没有男子这么强的争取第一的冲劲。

男女的另一个不同是,从外表上看,女子认为比较成熟的男子比较有吸引力,而男子认为比较年轻的女子比较有吸引力。这也是生物原因使然。从生存与传播基因的生物观点看,一个女子要从一个男子得到的是:含有良好基因的精子,能够

保护自己和孩子,及帮助自己把孩子养大的能力,而这约需要十多年。年轻人的生存能力还没有经过很大的考验,不是首选。老年人剩下的强壮时间无多,也不是首选。因此,女子认为成熟的中年人最有吸引力,认为年青人太“boyish”。

女子的生育期,约从十多岁到四十多岁,因为如果太老才再生孩子,不能在有生之年把孩子带大,也不能把基因遗传下去,不如集中精力把以前生的孩子带大。一个男子要从一个女子得到的,除了有良好基因的卵子,还要一个能够长期照顾孩子的母亲。因此,男子偏好年轻女子。这解释男子偏好十多岁到三十多岁的女子。但为什么男子更偏好十多岁、二十岁的女子,认为越年轻越好呢?

男子和女子有一个重要差异,女子怀孕生子,肯定孩子有自己的基因;男子却不能确定。因此,基因使男子偏好十多岁二十岁的女子,只要已经进入生育期,越年轻越好,因为这样年轻的女子已经怀有他人的精子的可能性比较小。

同样的道理,可以解释为什么楚王好细腰,以致宫女多饿死。几乎所有男子都喜欢细腰,因为怀有孩子后,腰肚会大起来。细腰减少已经怀孕的可能性。楚王只是更加特殊而已。

为什么美女叫做“红颜”,因为男子认为脸色红润的女子美。为什么呢?因为脸色红润是身体健康的表征。如果一个人的老祖宗喜欢脸色青黄的女子,这老祖宗的孩子都有不健康的基因,还没有长大就死掉了,怎么能传到此人这一代呢?

只要掌握进化生物学的基本原理,加上常理推论,就能得出许多富有解释力与启发性的结论。

解析"新排队现象"

邹东涛　李洪侠 *

排队购买，这是计划经济时代习以为常的必然现象，匈牙利著名经济学家科尔奈在《短缺经济学》一书中对此进行了透彻的分析。中国改革开放以来，随着经济的超长期高增长和供给的旺盛，通货紧缩、推销、过度库存、甩卖等现象成为经济的常态，"旧排队"现象早已淡出了中国而成为历史的模糊记忆。但不知何故，现在"新排队"现象再次悄然走近我们的生活：买房要排队、银行要排队、医院要排队、上学要排队、购车要排队……"新排队"现象为何产生？"新排队"现象新在何处？"新排队"与"旧排队"有什么关系？怎样消除经济高增长和市场繁荣时期的"新排队"现象？将来还会不会有更新的排队？本文则试图作一解析。

一、新旧排队的区别体现经济的波浪式前进

"新排队"在与"旧排队"的区别中体现其"新"。首先，排队目的不同：计划经济时期的"旧排队"主要是为了购买；今天人们除为购买排队外，还为投资、消费而排队。其次，排队所待商品不同："旧排队"所待商品主要是满足人们基本生存需要的初级日用品；今天排队所待的都是汽车、住房、金融服务、较好的教育机会和医疗服务等高档消费品。再次，排队的形式有所不同："旧排队"基本都是站在室外排队；"新排队"则出现了坐着排队和网上排队等形式。

新旧排队的区别体现经济的波浪式前进。排队就要增加成本，尽管今天的"新排队"时间成本可能并不少于"旧排队"，但是上述变化还是发出经济社会在波浪中前进的积极信号。首先，排队目的变化表明，经济发展了，消费者手中可支配的收入增加了。其次，排队所待商品的变化表明，整个社会的马斯洛意义上的需求层次在不断提升，而这是以较低层

---

* 邹东涛：中国社会科学院教授、社科文献出版社总编辑、中央财经大学中国发展和改革研究院院长。李洪侠：国家统计局工作人员。

次需求得以满足为前提的，即随着生产力的巨大发展，日常生活用品的供给已经基本满足市场的需要。所以，这同时表明，“旧排队”是“短缺经济”条件下生产和流通企业的能力不足所致——无力生产足够的产品供应市场；“新排队”则是生产和流通企业的能力超强所致——企业不但能生产出足够的产品，他们也能控制供应的数量和节奏。再次，排队形式的变化表明，社会文明程度不断提升和各项制度不断健全并取得创新。“仓廪实而知礼节，衣食足则知荣辱”。物质生活的丰富对人们精神世界发挥潜移默化的作用，今天的很多排队是出于“礼让”的自觉行动。而且，排队的“礼让”还是制度设计的创新形成的，如走进银行先抽取顺序号码，听号接受服务，这样就排除了“中国传统”的人工排队“加塞”。各项排队制度的创新虽然对排队的时间成本影响不大，却大大降低了劳累等方面的成本。所以，“新排队”现象是社会经济发展的一次波浪式前进、螺旋式上升。

二、新旧排队的共同点决定排队出现的条件

那么，新旧排队现象间是否存在共同点呢？换言之，是什么导致排队现象与我们的生活如影随形呢？

笔者认为，排队现象出现的一个必要条件就是供不应求。这里说的供不应求有相对和绝对之分，相对供不应求是指供给和需求不完全对接：一种是产品或服务的结构不合理，即市场上大量需要某种产品或服务的 A 款，企业却因各种原因只提供该产品或服务的 B 款，另一种是产品或服务的分布不合理，明明是 A 时 A 地需要某种产品或服务，供给方却未能针对市场做出有效调整。结果往往是，供给方有大量商品积压，同时大量需求者不得不排起“长龙”。市场经济条件下的“新排队”多属于相对供不应求。绝对供不应求就是不存在供求不对接问题，供给方产品全部卖出仍无法满足全部需求，计划经济时期的“旧排队”多属于这种情况。但供不应求还仅仅是导致排队现象的必要不充分条件，排队现象出现的另一个条件是来自内、外部的约束。内部约束是指人们出于荣辱感、文明感等自觉树立的秩序意识；外部约束是指为维持良好秩序而设置的各种直接和间接的规章制度。只有这两个条件同时存在，才会产生排队现象。

如果不存在绝对和相对供不应求，排队经济不会出现。设想全国有 13 亿家银行网点、13 亿所学校、13 亿座医院、13 亿套住宅，而且能根据市场状况在消费者需要的时间、地点供给，还会有大量排队吗？漫步在公园中，没有人为呼吸新鲜空气而排队，为什么？因为不存在新鲜空气的绝对和相对的供不应求。如果不存在内外部约束，排队也不会存在，至少不存在健康、文明的排队。资源稀缺且没有约束条

件下，资源的分配将以混乱不堪甚者是暴力的形式实现。毕竟大家都是“理性人”，且资源“多比少好”。没见过犯罪分子还排队抢劫银行的原因就在于此。如果排队现象不存在，上述两个条件一定不会同时成立。如果存在排队现象，上述条件似乎也不可能不成立，此外的其他条件似乎也没有存在的必要了。可见，供不应求和内外部约束是排队现象产生的充分必要条件。

三、消除银行和购房排队的策略

上述条件是否也适用于银行排队和买房排队这两种最常见排队现象？应采取什么样的策略消除银行排队和买房排队？

在经济快速发展、人民生活不断提高、投资领域不断拓宽、货币虚拟化广泛存在的今天，金融业尤其是银行业与普通民众的关系日益紧密。但是，金融服务没有相应跟进，存、取、汇款排队、缴费排队、交罚款也要排队的现象并不鲜见，城市里尤其如此。尽管近年来，国有商业银行推出“凭号排队”举措，还“体贴”地为顾客添置了座椅，但这只是把站着排队变成了坐着排队，顾客的时间成本丝毫没有降低。据报道，在国有商业银行网点，从取号到办理业务，平均要等 85 分钟，最长需 167 分钟。笔者认为，银行排长队的原因在于：1.银行业务相对供不应求。不同银行网点、不同时间段所需业务量不同，此时多彼时少，此业务多彼业务少，银行不能针对需求灵活调配，排队因此长短不一；有的银行网点窗口众多，但只开一部分，公众“眼前摆着面包，却要挨饿”。2.存在外部约束：进门领号，凭号办理。银行排队反映出的本质问题是：银行垄断经营或竞争不充分，银行是买方市场，公众选择余地不大，排长队你也得来，丝毫不减少甚至反而增加银行的收益。一切垄断都会导致效率低下、供给不足甚至滋生腐败。因此，消除银行排队关键在于：开放竞争。只有竞争压力足够大，银行才会主动分析市场、迎合需求，才会缩减排队时间、提高服务水平和效率。

工业化和城市化的快速发展，导致城市人口不断增加的同时，对房产的需求必然不断增加，但是目前的房地产市场尚不能较好地满足市场需求，在北京、上海等大城市尤其如此。某城市市民带着被子，在地产商处没日没夜地排队、等待房号等类似报道频繁见诸报端。笔者认为，其中原因在于：1.房产相对供不应求。一方面是大量商品房空置，另一方面却是大批中低收入者“望房兴叹”。据估计，目前全国商品房空置率接近 50%，其中空置 1 年以上的占 80%左右。中低收入者买房难不说自明。2.存在外部约束。众所周知，买经济适用房需要排号便构成了这里的约束条件。买房排队反映出的本质问题是：房地产商和炒

家甚至某些地方政府合谋,采取捂盘、隐藏真实市场信息等手段,哄抬房价,进而影响公众预期。如果消费者完全掌握信息的话,大量商品房市场的“边际购买力”就不会如此拼命买房了,房产价格上不去,自然影响地产商、炒家等的利益。信息不透明必然带来交易的不公平,信息占有者利用信息优势损人利己就在所难免。因此,消除买房排队关键在于:充分发挥建设、国土、统计、规划、税务等政府部门和社会力量对房地产企业的监督作用,及时准确地发布市场信息,正确引导购房者、中小投资者乃至中小地产商。

四、新排队现象的几点启示

党中央、国务院一直强调要解决群众最现实、最直接、最关心的利益问题,这是什么样的问题?大家排队求而不得的商品或服务就是其中之一。所以,消除排队应成为政策制定的目标之一。要消除经济高速增长条件下的“新排队”现象,必须从多方面着手:深化经济体制改革,破除垄断,增强服务意识,规范市场规则,促进市场竞争。多管齐下,一揽子解决银行、居民购房、医疗、子女就托就学等“新排队”现象。

根据排队现象的充要条件,要消除排队,一是要增加供给量,即增加那些队伍长、难购得的商品和服务的供给数量。计划经济时期排队的消除靠的就是企业大批量地供给各种日用消费品。如今政策应该限制产能过剩行业投资增加,转而加大教育、医疗等公共事业投资力度。只有供给不断增加,才能缩短甚至消除相应领域的长队。至于在增加商品供给过程中,政府和政策作为在不同条件下可以有所不同:初期可能靠的是行政性、直接的政策,如定价;现在可能更多要靠经济性、法律性和间接的政策引导,如利率。第二是要调整产品结构和分布结构,使供求对接。掌握需求状况,调整产品结构和分布结构,原本只是企业自己的事。但是,一旦涉及到打破垄断、提供市场信息等带有公共服务性质的问题,政府就必须出面了。政府应该站在“维护公平与正义”的高度,改革现有经济体制,打破包括垄断在内的一切市场经济的掣肘。然而目前政府在很多领域做得远远不够,银行、电力、电信、铁路等都存在这样那样有违市场经济的问题。

当然,排队并非完全没有积极意义,至少从侧面表明了社会文明程度不断提升和各项制度不断健全。另外,用发展的、历史的眼观看,随着经济发展和人民生活水平的提高,社会需求层次将会提升。如果全社会范围的供给不能有效跟进需求,即使目前这些排队消除后,未来可能还会出现新的排队经济,只是排队所待商品的需求层次又有提升而已。

稀缺、选择与爱情

俞炜华 *

“上帝目光所及，即可交易”——本文试图应用“庸俗”的经济学将花前月下的爱情纳入理性分析的框架，将纯美的爱情与锱铢必较、讨价还价的市侩行为相类比，用成本收益分析爱情中选择的行为。

经济学是研究稀缺资源的最优配置问题，因此，如果爱情能够与稀缺和选择相联系，爱情就是经济学研究的对象。

有一首歌这样唱道：“十个男人七个傻，八个呆，九个坏，还有一个人人爱。”在女性的眼中，好男人只占全部男人的十分之一，很明显，好男人是一种稀缺物品，即经济物品，你喜欢好男人，其他女性也喜欢那些“上得了厅堂，下得了厨房”的好男人。为了实现“好好爱，不要让他离开”的目标，就需要增加投入，如去割一个韩式双眼皮，去学做他的家乡菜，讨好他的亲戚等等，这些投入需要花费时间、金钱甚至肉体上的痛苦，同时，还要放弃一直在追求你的那位“呆”男性。同样的分析也适合于男性追求女性。因此，作为人生的一项重大选择，面对稀缺的好男(女)人，我们会面临“爱谁”、“如何去爱”等种种选择。

爱情经济学还需要剖解那些所谓的“人人爱”成功人士。首先，好男人也有多重标准，同时具有像刘德华那么帅、李泽楷那么有钱、唐伯虎那么有才的白马王子在现实生活中并不存在，你为了得到(西安)交大男生周星驰般浪漫的后现代主义的爱，就不得不放弃复旦男生的小资情调。其次，女孩子必须知道，“金无足赤，人无完人”，所谓的好男人也是由多棱角多侧面所构成，在风光无限的背后也许存在着你无法无法想象的阴暗面。比尔·盖茨够好了吧，但他在哈佛上大学期间常去看脱衣舞表演，也曾经和一个大他 9 岁的女性同居，甚至连结婚都要经过那位女性同意，在婚后每年还要留出一个星期给那位女性，除此之外，比尔·盖茨还具有男性的通病——不讲个人卫生。贝克汉姆是另外一个女性希望嫁给的对象。他风度翩翩，时尚前卫，身体强壮，拥有的金钱尽管和比尔·盖茨的差距不小，但过一辈子

---

* 作者系西安交通大学金禾经济研究中心讲师。

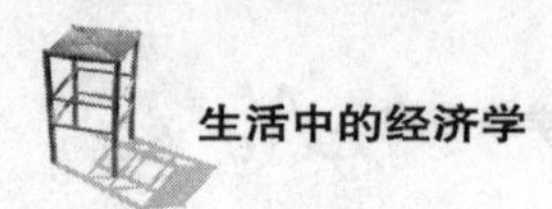

的衣食无忧的快乐日子应该是绰绰有余，但有幸得到他的“辣妹”维多利亚不得不忍受他的花心和新闻媒体无休止的花边新闻，当然还有专横[①]。爱一个人就是爱一个人的全部，选择了学者的博学，也就选择了清贫；选择了商人的精明，也就选择了别离[②]……

人的效用是由多方面所构成的金钱、事业与爱情等都是效用函数中重要的自变量，而这些自变量之间也交织在一起，相互影响。

首先分析事业与爱情的关系。少年情窦初开之时，正是父母管教最严之时，原因就在于此时的恋爱（机会）成本非常高，放弃学业而取爱情，将会影响子女一生的事业前途，理性的父母就会干预儿女的恋爱行为；上大学后，家长对恋爱的干预就少了，因为他们知道，在进入大学阶段之后，爱情对未来事业的影响减弱，爱情成本已经降低，即使恋爱不成功，累积点经验也好。因此，我们可以观察到大学生是恋爱生活最丰富的一族，花前月下，一对对情人山盟海誓；但大学毕业却与劳燕分飞紧紧地联系在一起，“毕业那天让我们一起失恋”，当男女大学生面临事业与爱情冲突的时候，又有几个会选择爱情呢？

将爱情与金钱联系在一起，恐怕是很多有爱情“洁癖”的人无法容忍的，一些在新闻媒体报道中“钓金龟婿”的女大学生和研究生，在网上常被骂个狗血喷头，其实这些吃螃蟹者只是说出了广大女同胞不敢说出来的话而已。既然男生可以“学而优则仕”，说明白点就是“学好文武艺，卖与帝王家”，女性当然也可以通过爹娘给的美貌和后天努力得来的能歌善舞“待价而沽”，既然男性“学而优则仕”被认为是有能力的象征，我们为什么还要把女性的“待价而沽”视为不正常呢？

当然，男同胞也不要笑女性崇拜金钱，有几个会放弃少奋斗 10 年的机会，选择出身穷苦的女孩子呢？恐怕不少人只是条件不够，没有机会而已，否则也不会有那么多的男性入户萧山倒插门，为了安稳的日子，连祖宗的姓氏都可以不要，还会在乎青梅竹马的女朋友(如果有的话)？

说到这里，恐怕有不少的人会认为我在偷换概念，将爱情和婚姻混为一谈，认为金钱可以购买婚姻，但购买不到爱情，事实是否如此呢？首先，我们将理解的视角换一下，上面的论述说明的就是一个人会因为多少金钱放弃自己的爱情，当然，在这里，爱情包含两种含义，一种是和自己相爱的人，第二种就是（没有谈恋爱的

---

①瓯北望：《爱情经济学》。

②白居易《琵琶行》：“商人重利轻别离，前月浮梁买茶去。去来江口守空船，绕船月明江水寒。”

人)对爱情的甜美预期,即经济学意义上的预期爱情收益。"庸俗"经济学衡量爱情有多深的一种有效方法就是用多少金钱可以让你愿意放弃现在的感情或对(未来)爱情的甜蜜预期;其次,无论各位有没有意识到,在选择爱人的时候,经济条件,即使不是最重要,也是一个很重要的考虑因素。大家想一想,人们给一个单身的女性介绍男朋友时,总是先说这个男性很有才,接着要附带说一下这个男性现在的经济情况。这两者都和金钱联系在一起,"有才"意味着具有将来养家糊口的能力,而现在的经济状态除了提供男性有才的证据之外,还为有可能到来的爱情和婚姻生活提供坚实的物质基础,对于落魄才子,有几个女性愿意委身相许?

当然,经济学并没有否认世界上存在为爱情甘愿放弃生命和金钱的人,"王宝钏"苦守寒窑18年的故事已传唱千年,但这种在效用函数中将爱情放置到无穷大位置上的人,毕竟是少数,富家小姐爱上落魄书生,更多出现在剧本而不是现实中。

选择一个出身穷苦家庭的漂亮美眉就有可能会失去一个相貌平常的富婆,选择一个高傲的情人就必须放弃一点自尊,选择花前月下就有可能失去升职的机会……每一个人的爱情都与选择联系在一起,完美的爱情就像完美的恋人一样不可能找到。没有例外的是,你要享受爱情的甜蜜,就要承担爱情所带来的种种成本,高贵的爱情与庸俗的经济学就在选择问题上出现了交集。

选择　　（邝野　绘）

当爱的边际效用递减时

张　军*

现代经济学真是一门有趣的学问,它是一把开启人类智慧的钥匙。给学生讲授现代经济学也是一件令人愉快的事情。经济学是一门博大的学问,它的触角伸向了四面八方,俨然已形成了“经济学帝国”。经济学家们用经济学理论来解释生活,都让人觉得非常有趣。所以我时常试图用经济学理论去解释一些生活现象,以期有所发现。

前几天给学生讲效用论和消费者行为理论,用边际效用递减规律对爱情和婚姻作了一些分析,觉得挺有趣,于是就写了下来。

首先我要解释一下效用、边际效用以及边际效用递减规律。效用是指物品或劳务满足人类欲望的能力。一种物品或劳务满足人类欲望的能力越强,它的效用就越大;反之,则效用越小。边际效用是指增加一个单位的某种物品或劳务的消费所带来的总的效用的增加量。随着人们消费某种物品或劳务的量的增加,新增加的那个单位物品或劳务所带来的总效用的增量是递减的,这就是边际效用递减规律。比如:人们天热的时候吃第一根冰棍时觉得很凉爽,假设效用为十个效用单位;吃第二根时也觉得凉爽,但没有吃第一根时凉爽的感觉强烈,假设效用为六个效用单位;再往下,吃多了,就会觉得凉了,那时的感觉不是凉爽而是感冒了,效用可能就是负值了。

爱的边际效用递减规律和普通商品以及劳务的边际效用递减规律有所不同,因为真正的爱情用金钱是买不到的,它毕竟不是商品,但是其规律性可以类比。爱的边际效用递减规律在现实生活中表现为两种情况:第一种,随着一个人谈恋爱或结婚次数的增多,爱情和婚姻带给他(她)的那种美好感觉和刺激无论从强度和持续时间会越来越淡,不管是心理的还是生理的;第二种,一次爱情或婚姻持续的时间有长有短,有的几年,有的甚至一辈子,所以爱情和婚姻不像吃冰棍那样,第一根、第二根、第三根之间的效用差别可以一眼就能看出来。所以就当下正在进行时中的爱情和婚姻而言,这时爱的边际效用递减规律表现在随着时间的推移在感情上和感觉上的淡化。接下来我就从爱的边际效用递减规律出发对生活中的一些琐事做一些分析和探寻。

再婚依然苦恼属于爱的边际效用递减规律中的第一种情况。第二次或第三次婚姻带给人们的不是更加幸福,而是更加不幸。为什么影视剧中很多离婚后再婚的人都会用现在的爱人去和以前的爱人作比较, 心中想的全是以前爱人的好,就

---

*作者系江西经济管理干部学院财贸系副教授。

是因为他们从潜意识里就是感觉到现在的没有原来的好。客观地说，现在的未必就不如原来的好，只是经历了婚姻生活以后，人们对婚姻的神秘感、对情感生活的欲望没有原来那么强烈，就跟吃第二根、第三根冰棍一样，效用指数在下降。

有的人再婚依然苦恼，所以又离了，成了惯性，结果总是苦恼；有的人再婚依然苦恼，但还是凑合着过下去，怕再离再结会更加糟糕；有的人走回头路，离了再和以前的爱人复婚，以为能回到原点，结果却不是原来的原点了，毕竟用胶带粘起来的破镜依然会有痕迹；有一种再婚的人比较理智，离婚后依然在一起，又像是冷战，又不像是冷战，结果日后又复了婚。

所以我觉得，夫妻还是结发的好。珍惜所拥有的，过好每一天。不要给自己以机会说“只有失去了才知道珍惜”，不要给自己以机会说“当爱已成往事”。

此时我对唐朝诗人元稹的诗《悼亡妻》有了更深刻的体会。“曾经沧海难为水，除却巫山不是云。”我一直都非常羡慕元稹和他的亡妻之间海枯石烂的爱情，并敬重元稹在此事上表现出来的坚贞的品质，我更体谅他那种撕心裂肺的巨痛。

“七年之痒”本是一部外国电影中的一个词，不过现在我国的影视剧中也流行这个词了，它是形容夫妻结婚七八年之后已经没有什么激情了，爱情和婚姻带给夫妻双方的冲动几乎降到零了，这时婚姻更多的是要靠责任和义务来维系，有些婚姻中的双方就是因为缺乏责任和义务，所以婚姻会走向破裂。因此人们戏称七年是婚姻的警戒线。（有意思的是我女儿在电视里听到这个词，有一回她问我和她老爸结婚几年了，我告诉她已经九年了，然后她就如释重负地笑了。）

“七年之痒”属于爱的边际效用递减规律的第二种情况，但并不是所有的婚姻都会死在第七年，有的夫妻双方都是有责任心的人，都会为对方着想，感情当然好着呢，有的可能是孩子的维系。其实要让婚姻克服“七年之痒”也不是难事，据我观察要善于经营婚姻，要不时地给婚姻营造一种年轻时的氛围，让婚姻不老，让它始终保持在高效用点上，不要下降，也就是要提高进行时的婚姻的质量。时下很流行一个词叫做“寻找激情”，其实这个词本身并没有罪过，也不失为是提高婚姻质量的一剂良方，结果却被很多人误解和歪曲了，由此出现第三者插足、婚外情的事例屡见不鲜。其实这是一种误区，寻找浪漫并不一定非要找所谓那些刺激。其实感情好的夫妻他们俩之间的关系并不仅仅是夫妻关系，在不同的情景、场合、时间他（她）的角色可能在变幻，还可能是情人关系、朋友关系、师生关系、母子关系、父女关系。这样他们之间顿时显得生动起来，自然会有更多可沟通的话题和共同语言，柴、米、油、盐、酱、醋、茶也能弹出新曲。

请客的经济学分析

宋圭武*

请客是一种普遍的社会现象。

请客主要有五种类型：一是求人办事型请客。这里又分两种情况：一种情况是办事前的请客，另一种情况是办事成功后的请客。二是夸富型请客，如有些人在职务和职称升迁后的请客，有些人在得了一些意外好处之后的请客等，都可属于此种类型的请客。三是节日型请客。这里也分两种情况：一种是在公众节日的请客，如在春节等一般节日的请客聚会；还有一种在是个人节日的请客，这种情况主要有生日、婚礼等类型的请客。四是感情交流型请客，如一般的同学和同事的聚会等就属此类。五是接待型请客，如一些家庭对来访客人的接待等就属此类。

不同类型的请客，从经济学角度看，既有一些相同的特点，也有一些不同的方面。

对于第一种类型请客的第一种情况，其体现的经济学特点主要有：一是信息功能。双方聚在一块，在交谈中交换各种信息并互相沟通。由于信息不对称现象的客观存在，双方当事人在信息交流的过程中一般总是会倾向于披露对自己有利的信息，以力求实现效用的最大化。求人者总是希望办事人有足够的积极性去办事，办事人总是希望有足够的动力去办事。这里实质也体现了一种委托与代理的关系。二是计划功能。双方在交流信息的过程中也在规划着进一步的打算。三是投资功能。对于求人办事者而言，请客相当于支付了一笔前期风险投资。四是签约功能。求人办事的人在请客时一般总会对办事人有一定的承诺。承诺本身也是一个讨价还价的过程。当然，体现在请客过程中的签约形式一般是隐型的而不是显型的，更多体现了一种只可意会不可言传的特点。

对于第一种类型请客的第二种情况，其体现的经济学特点主要有：一是总结

* 作者系甘肃省委党校经济学部教授。

功能。一件事情办成之后,也表示一个投资项目循环周期的结束。这时大家聚到一块交流经验和分析情况,本身就是一个总结的过程。同时,总结也有利于双方在以后的办事过程中更进一步地提高效率和减少误差。二是分享功能。在暖融融的宴席上,大家互祝酒词,共同分享着成功的喜悦。三是兑现功能。事情办成后,就需要答谢对方。答谢主要有两种方式:一种是物质上的感谢;一种是精神上的感谢。当然,物质上的实际兑现地点不一定就在酒桌上,一般视情况而定。

第二种类型的请客,对于请人者和被请者有着不同的经济意义。对于请人者而言,其主要的成本是:一是物质上的支出;二是时间的支出。其主要的收益,一是精神上的收益。在宴席上,被请者总是要对请人者进行一番恭维,这种恭维就是一种精神收益。二是增大了未来收益增加的可能性。一个人有了好事,拿出一部分或一小部分供大家分享,对别人也是一种体贴和安慰,这也就增加了别人在一些环节帮扶自己的可能性。另外,礼尚往来,自己有好事时请别人客,同时也就增加了在别人有好事时自己被别人请的可能性。还有,由于请客也增加了别人与自己的交往,从而也就增加了自己的社会资本,这也就意味着增加未来收益的可能性的增大。对于被请者而言,其主要的成本是时间。其主要的收益既有物质方面的,也有精神方面的。因为当一个人在某些方面得了好处或有较强表现时,由于嫉妒的存在,有些人在内心深处总会有一种不好的感觉,但当这个人能拿出一部分甚至一小部分与自己分享时,其不好的感觉就会有所减轻,这种收益就是一种精神收益。同时,请客中的交往也增加了每个人的社会资本,从而也增大了被请者未来收益增大的可能性。另外,这种夸富型请客对社会而言也体现了一种资源再分配的功能,有其公平方面的积极意义,但对效率却有一定的消极作用。

第三种类型第一种情况的请客,其主要的经济意义有:一是享受休闲。公众节日往往是国家法定的假日,所以也是大家休息的日子。所以在公众节日的请客更多体现了一种消费休闲的特点。二是交换性。节日聚会一方面大家既有感情方面的交流,同时也有信息方面的交换。

第三种类型第二种情况的请客,其主要的经济功能有:一是告知功能。通过给个人过生日等节日聚会, 可告知朋友们自己个人生活和工作等方面所处的阶段,这也为大家进一步的交往提供了一个基本参照信息。二是交流功能。通过聚会,朋友们进一步交流了信息,加深了感情。三是再分配功能。个人节日往往伴随一些送礼行为。这种情况实质是一种财富的再分配。这种再分配对一些人以后的生活和工作可产生一些帮扶作用,但也有可能变成另一些人敛财的手段。

第四种类型的请客,主要特点就是感情交流和信息交流。聚会的目的主要有两个方面:一是满足个人感情交流的需要;二是通过交流,以期获取更多的利好消息。

第五种类型的请客,主要的经济意义是满足礼节性需要和救济性需要。这里的礼节性需要实质也体现了社会运行对资源分配的约定俗成。一方面的原因是:因为每一个人都有可能成为别人招待的对象。己所不欲,勿施于人。自己既然希望别人招待自己,当然也就没有理由不招待别人。当然这种招待并非就是甲招待乙、乙就必然招待甲的一一对应,而是体现了一种社会的总体平衡。另一方面的原因是:在别人家由主人请客,相对而言有利于减少请客成本,这样社会运行就总体减少了成本,这样对自己对别人都会有好处。另外,这种类型的请客对处在困境中的人也有一种救济的功能。由于每个人都有可能成为别人救济的对象,所以这也是社会客观需要的一种自动均衡。

另外存在的一个问题是:为什么中国人请客喜欢一个人掏钱,大家吃饭,而洋人则偏好 A A 制,各掏各钱?有人认为主要原因是中西人口迁徙方面的“流动性”差异使然,并由此认为国人、洋人请客实质上并无不同:洋人是一次性的 A A 制,国人是拉长了时间的分次性的 A A 制。对此笔者的观点是:一是请客有不同类型,洋人并非凡请客皆 AA 制。二是流动性也是影响因素之一,但并不是唯一因素。流动性主要影响到经济方面的收益和效用,但一个人的效用水平不仅仅取决于物质满足方面,精神满足方面的收益也是影响效用水平的重要变量。三是必须考虑文化背景的不同。中国文化是一种熟人文化和面子文化,这种文化所体现的交往特点主要是熟人之间相互交往的机会多,请客也多,而陌生人之间的交往少,请客也少。同时,由于熟人之间更多是以面子作为判断对方人品和进行下一步交往的依据。所以,国人吃完饭后抢着付钱有三重含义:一是对方回请的概率较高,所以自己吃亏的可能性较小;二是顾面子的需要,因为面子是一种社会评价,所以也是一种精神收益;三是由于有了面子,也为未来收益增加提供了一个好的基础。

先生之风，山高水长

——纪念高鸿业先生

李辉文*

高先生走了。

2007年5月17日上午，我讲完课走出课堂，就接到消息：高先生走了。

太突然了。两周以前，我还和高先生通过电话。他的声音还是那样温厚、平和。在我的潜意识里，先生还在。我屡次坐下来要写一些纪念的文字，却总不知从何说起。直到现在，遗体告别仪式已经过去三天了，我也从北京回到了湖南。可是我还是很难把我们在八宝山送走的人和高先生联系起来。我屡次跟自己说，该写一点文字纪念先生，但是坐下来却总是不知该如何下笔。现终于在灯下草成此文，语无伦次，聊表寸心。

和我的很多师兄师弟一样，我也是在博士研究生入学考试的面试现场，第一次见到先生。面试完毕，先生要我留下电话号码：如果由于名额的原因，我不能录取你，还有可能调剂到其他导师那里，到时候需要和你商量的话，我会打电话给你。很幸运，最终的结果出来，我成了高先生的学生。

入学后的第一周，高先生就和我们见了面，主要谈博士研究生阶段的培养计划。在我的印象中，高先生指导学生，总是采取启发式和指导性的方式。他告诉你学习和研究入门的方向，而从来不做强制性的要求。但如果你有问题提出来，他一定会认真地和你讨论，并且告诉你，在这一领域，有哪些经典著作，在国家图书馆的外文新书阅览室里有几本什么样的书可能对你研究这个问题有帮助，最近的期刊上面有些什么人在讨论这个问题。这种风格可能和他在美国学习、生活和工作时间较长有关系。当时我们的微观经济学是用 Varian 以及 Mas-Colell 等人的教材，宏观经济学则用 Romer 和 Turnovski 的书，此外还有 Green 的计量经济学。这是我们第一个学年最主要的学习任务。Varian 和 Romer 的书那时就有了中译本，其余的则只能用英文原版。高先生特别强调，学习西方经济学，除了看英文原版著作，似乎没有更好的途径。他

* 作者系高鸿业教授生前指导的博士生，现为湘潭大学商学院副教授。

说，经济学本来就是舶来品，中国传统上有经济思想，但是没有经济学说。要真正接触现代经济学，一定不能偷懒，要读英文文献。所有的中文著作，尤其是教科书，即使是用引进的教材的中译本，再好的翻译也不能完全传达原文的意思和味道。“你们不要看我自己搞了一些英文著作的翻译，就产生错误的判断。我那些翻译工作，主要是针对初学者的。”此外，高先生还特别推荐了几种杂志。相对来说比较容易看懂的有三个，Challenge，JEP（Journal of Economic Perspectives）和 JEL（Journal of Economic Literature）；此外，就是现在大家都比较熟悉的 AER、JPE、Econometrica、QJE、RES 和 EJ 等几个一流经济学杂志——不必每篇都看，但是至少要翻一下，每一期找几篇感兴趣的精读。最后，高先生说，“你们会以为这些任务容易完成，但是，我所指导的学生当中，真正完成了这些任务的，到现在为止，一个也没有。”当时我想，这不可能吧，我来做第一个。但是惭愧得很，我至今仍然没有做到。

先生不仅要求学生，而且自己身体力行。直到最近两年，由于身体的原因，他才没有去国家图书馆。以前，他每个月都去。一是到外文新书阅览室，看有什么新书，用一个小本子做笔记，看到对学生用处大的，就复印回来。我第一次听说国家图书馆的天价复印费，就是在先生家里。其实他的经费并不宽裕。另一个必去的地方，就是外文期刊阅览室。他每次去都是一整天。中午就在国家图书馆简单地吃个快餐。其实高先生肠胃并不好。浙江大学的蒋自强先生告诉我，1992 年高先生从美国访问回来，生病住在医院，骨瘦如柴。蒋先生去看他，一见他瘦成那样，就流眼泪。高先生说，老蒋啊，你不要流泪。你放心。他们说我是癌症，可是折腾了半天，也没有找到癌细胞。后来，一位老中医看了，说根本不是癌症，是营养不良。就按照营养不良的病症来治，结果好了。营养不良的原因，就是肠胃不好。那为什么在这样的状况下，高先生还一直坚持去图书馆，而且一去就是一整天呢？我问他，他说习惯了，不去难受。其实还有一个原因，就是他希望能够给自己指导的研究生提供更多的帮助。

先生一生淡泊。他为中国经济学教育做出了卓越的贡献。他首次把 Samuelson 的《经济学》翻译成中文。今天中国许多优秀的经济学家，当年都是通过这本书接触到现代西方经济学的。后来他又写作了一套《现代西方经济学》（合著），主编了现在国内使用最广泛的教材《西方经济学》，主持翻译了斯蒂格利茨的《经济学》。现在国内经济学专业的学生和研究者，没有接触到这三本书的，大概不多。在他 77 岁高龄的时候，还用现代白话文重新翻译了凯恩斯划时代的《就业、利息和货币通论》，并且在 81 岁的时候，专门为非专业读者和入门者写作了《一本拯救资本主义的名著——凯恩斯〈就业、利息和货币通论〉导读》。他的这些工作给他带来了巨大的声誉。但是对待名利，他一直淡泊处之。

最近这些年，每年都有人提出要给先生举行生日庆典，高先生一概拒绝。有一次先生在电话里说："千万别说什么'大师'、'泰斗'，那些跟我没关系。高鸿业别的本事没有，自知之明还是有一点的。我一辈子最怕过生日，因为没有贡献。我能干活的时候没有机会，有机会能做点事情的时候又老了。真正有贡献的人，不用过生日，自然有人记得。你看李冰父子，修了个那么好的都江堰，造福那么多人，现在人们还自发地去拜祭，用不着有什么人专门去操办。我又没什么贡献，搞这些也没有什么意义。你们劳神费力，这些功夫干点别的不更好吗？"这是我亲眼目睹的情景。

我跟高先生说："有时候您也太谦虚了。"他说："我不是谦虚，是实事求是。高鸿业死后三年，大概就没有什么人记得了。"我说："那不可能。"他说："你知道陈岱孙陈先生吗？"我说："那当然知道！陈先生谁不知道啊？"他说："我今年在博士研究生面试的时候，问到这个问题，他们就不知道。"我说："那是他们太不了解了。"他说："我知道你了解很多。我问你，你知道樊弘吗？"我说："没听说过。"他就告诉我："当年，樊弘的名声，可不在陈岱老之下。所以说，我是实事求是的，一点都不是谦虚。如果我死以后，还有人记得，那是托了凯恩斯的福。我翻译了他的《通论》。如果以后中国还有人念《通论》，英文又没有足够好，他们就可能还要用我的译本，仅此而已。"

高先生在生活上淡泊，但是工作一点都不含糊。翻译萨缪尔森的《经济学》，他花了整整三年时间。他告诉我，他翻译凯恩斯的《就业、利息和货币通论》，"每天干八小时，也只能译出2000字。"高先生翻译出版《通论》的时候，已经77岁了。但是，不要以为他每天翻译2000字是因为年龄大了速度慢。实际上，高先生晚年，耳聪目明，而且思维极快。直到去年8月份，我最后一次拜访他，他的反应仍然非常快，快到很多年轻人都可能有点跟不上。有一次我拿一个1500字左右的译稿请先生校对。他左手拿英文原文，右手拿译稿，不到十分钟就校对完毕，并且非常准确地指出了几处很微小的错误。最后他说："我给你一个评价：你的译文是中文；如果我是编辑，我就会用你的译稿。"当时，他83岁。

淡泊而认真的人，通常都低调。高先生也不例外。特别到了晚年，很多社会活动，他都婉言拒绝了。唯独学生找他，他来者不拒。当然，他接待学生的方式，也别具一格。首先，他会跟你约好时间，比方说，第二天上午9点到10点——不必9点准时到，北京交通不太好，在这一个小时之内都行。等你到了，打开门，他一定会说："来来来，这边坐。"坐下来后的第一句话，一定是："你有什么问题需要我帮忙？"交流的时候，他会说："你有什么就说什么，不要拘束，不要因为我的语气或者

别的原因,就迁就我的想法,我不一定对的。你是怎么想的,就怎么说,不要猜我会怎么想,那样增加交易成本,浪费你的时间,也浪费我的时间。”谈完了,他一定会说:“还有别的事吗?如果没有,他一定会说,那好吧,就这样了。”然后送客。

我这样描述,可能会让很多人误会:这是不是太古板了?其实不然。他的学生都接受而且喜欢这种方式。其中一个重要原因,是高先生在和人交谈的时候,非常真诚。做了先生的学生,我才知道,什么叫“如坐春风”,什么叫“望之俨然,即之则温,听其言也厉”。高先生的声音和语调,也很有特点:说起话来不疾不徐,轻重缓急抑扬顿挫恰到好处;很标准的普通话,男中音,听上去很年轻。偶尔,在说明自己的意见的时候,他还会用标准的美语背诵《国富论》或者《通论》或者萨缪尔森的《经济学》里的句子,真是好听极了。

先生对于教学工作,倾注了很多心血。他对中国经济学的教育事业,一直充满感情,也充满期待。我毕业的时候,高先生问我的工作情况。我告诉他,我留在高校工作。他很高兴。他告诉我,当年,他回国的时候,也有两个选择,一是到科研院所,一是到高校。他选择了高校。他说:“如果我去了研究所,而又没有做出成绩——做研究不出成绩是很正常的,那我就什么也没有做;而在高校,即使我什么研究也没有做,我教书育人了,这本身就是我的成绩。”网上有一篇文章,说先生是最高境界的教书匠,那是一篇饱含着深情的文章。我读了,很感动,也很难过。其实,以先生的天资和勤奋,他本可以做出更好的研究。

先生真诚,也有趣。2003 年,吴易风教授参加博士生毕业论文答辩,下午两点半开始,地点在中国人民大学资料楼 8 层。8 层的走廊上有一个乒乓球台。吴老师提前赶到,门还没开,看到一个人草帽盖着脑袋在球台上睡觉。吴老师走过去一看,原来是高先生。他那时候住在西三旗,一个人打车过来的。2004 年,也是博士生毕业论文答辩,先生参加。中午我陪同他一起吃午餐。在路上遇到哲学系一位中国哲学专业的老教授。先生打过招呼之后突然问他:“你说这个世界究竟是有中生有,还是无中生有?”后来他们说了些什么我不记得了。只记得到了餐厅坐下以后,其他人都在说话,先生跟我说:“你说大爆炸是唯一的一次呢,还是很多次中的一次?既然世界上的东西都是大爆炸的产物,那么我们的脑袋也是。要正好炸到我们的脑袋能够准确地理解这个世界,那多玄啊。”说完他也笑了。笑完了,他又很认真地拉我小声说:“告诉你,没有人知道这个世界的秘密。”

先生 1945 年赴美,1957 年回国。刚回国的那阵子还好,正碰上政府执行知识分子政策,特别优待。可是不久就“反右”。不过“反右”也没有受到太大的冲击。“我是新来的,没干什么'坏事'。没我什么事。""不过'文革'就有事啦。"一个重要的原因,是当时人大和北大在全国首开西方经济学课程,高先生主讲。不过当时不叫"西方经济学",而是叫做"资产阶级经济学批判"。"当时马克思主义要前进,需要一个对立面。好比唱戏,我就是演坏蛋,演大白脸曹操。"回忆起这段历史,高先生不乏幽默。不仅如此,高先生和北京大学的几位学者合作,写了一本《凯恩斯主义》。这样的经历,到了"文革",遭遇可想而知。牛棚、批斗、劳动改造,一件也没有落下。后来下放到江西鹰潭,当了几年真正的农民,挑了几年担子。但是即使是对待饱受其害的"文革",高先生说起来也非常达观。他说:"在江西那几年,每天就是劳动、吃饭、睡觉。那样的环境,却吃得香——虽然常常吃学生的剩饭剩菜,睡得好。多年的失眠症,也在这个时候好了。"2004年,一位社科院的经济学家来人民大学参加学术活动的时候,高先生得知他也失眠,还在回顾这段经历。

实际上,这一段经历对于高先生这一辈的学人来说,不可能轻松。有一次,我们谈到鲁友章和李宗正两位先生写作的《经济学说史》——真正认真读过的人都会承认,那是学识、文笔俱佳的上品。高先生连连点头。接着,他无限感慨地说:"李宗正是个很有本事的人,可惜死得太早了,其实他年纪并不大啊。"然后,先生转过脸来,认真地说:"我知道你可能会觉得他们写的东西,当然也包括我写的那些东西在内,意识形态的内容太多了,不过我希望你们年轻人能够原谅我们这些人。我们当时的回旋余地很有限,如果不写这些内容,那就什么也干不了。"我永远记得,他说这话时候的凝重。

和很多人的印象不同,高先生对于中国经济学的发展,始终保持着开放的态度。一个最近的例子,是对于前两年出现的中国经济学基础理论教学"单轨"论的观点,高先生委婉而坚决地表明了自己的看法,这就是发表在《光明日报》上的那篇文章:《中国经济学应该走的道路》。这也是高先生公开发表的最后一篇经济学文章。

先生去世之后,有朋友感叹:"陈晓旭走了,各大网站争相报道。高先生走了,没什么反应。"我非常理解这些朋友的情绪,但是用不着抱不平。行业性质不同,影响的范围和程度也不同。经济学这个行当,就影响社会的广度而言,不如演艺界是很正常的。如果经济学家在公众当中的影响超过了名演员,那才是真正的不正常。对于学者来说,真正重要的,是同行的评价。有个广为流传的故事:一位牙医说,如果他去世以后,解剖他遗体的医生能够说,这是我的一位同行,他的工作令人尊敬,他就安心了。行外人士的评价,并不重要。

云山苍苍,江水茫茫。先生之风,山高水长。

祈愿先生在天之灵安息。

林少宫老师与经济学研究生培养

谭国富 *

梁晶工作室希望林少宫教授的学生写一些文章,回忆林老的事迹,以回顾和总结他对中国经济学教育和人才培养的卓越贡献。我是林老师早期的硕士研究生,在三年时间中,他对我的成长倾注了大量心血。无论我后来留学美国,还是在加拿大、香港和美国任教期间,林老师都在学习、研究和生活等各方面谆谆教导,使我受益匪浅。我对老师的个人品行、学术修养和人生追求都非常敬佩!现在我从事和林老类似的经济学研究和教育工作,希望借此机会,通过我和老师交往的亲身经历,总结他在研究生培养中的部分经验,以供借鉴。

1982 年,我考取了华中工学院(现华中科技大学)数学系研究生,专业方向是计算数学。入学后,才获知指导教师已调离。我有幸转投林老师门下,成为他培养的第二届数量经济学硕士研究生。我们那一届有六位学生,都是数学系毕业,基本上没有经济学基础。当时林老师面临的挑战是,在客观条件比较困难的情况下,如何进行高水平和系统的经济学教育,并迅速提高我们的经济学研究能力。即便在当前,成功培养高素质经济学研究生仍然是经济学教育的主要任务之一。

现在回想起来,在 80 年代初经济学教育背景下,在西方经济学教育和人才培养方面,林老之所以取得一些不错的成绩,主要在于他没有任何私心,完全从学术研究和学生培养角度出发,踏踏实实教书育人。当时,他尽可能借鉴国际上经济学教育理念,结合国内实际情况,来制定培养方案和措施。总结起来,我个人认为有如下几点:

一、注重掌握经济学基本理论

我们的专业是数量经济学,大家又是数学系毕业生,经济学几乎一片空白。针对这种情况,林老因材施教,首先强化对经济学,尤其是现代经济学基本概念和理论的学习。当时,田国强师兄毕业后正准备去美国深造。林老让他给我们六位同学

---

* 作者系美国南加州大学经济学终身教授,上海财经大学教授。

集中授课，用几天时间讲授了 Paul Samuelson 的经济学教材。这使我们迅速了解到一些现代经济学基本知识。

之后，林老安排了详细的经济学课程。他和张培刚老师一起聘请武汉大学很多著名教授，包括谭崇台教授，为我们讲授西方经济学等课程，涉及到西方经济学各个流派。除了介绍西方经济学，林老也注重社会主义经济学的教育。他特邀社科院数量经济与技术经济研究所王宏昌研究员讲授市场社会主义经济学，讲解了 Piero Sraffa、Oskar Lange、Michio Morishima 和 Janos Kornai 等学者的一些基本思想。这使我们了解到上世纪三四十年代经济学界关于经济体制的“大论战”。通过这些课程的学习，我们不但掌握了较多的经济学知识，也逐渐增强了经济学思维能力。

二、强化经济学数理基础训练

作为当时真正了解西方经济学的学者之一，林老深知数学在现代经济学研究中的重要性。他针对数量经济学专业的特点，特别强化了数理知识及其在经济学应用中的系统教育。林老非常注重数理基础训练，给我们安排了几个学期来学习数理课程，这些课程包括数学优化、数理统计和时间序列等。同时他还邀请一些著名教授来开设数量经济学高级课程。例如，他安排本系李楚霖老师讲授微观经济学和数理经济学，并亲自讲授中、高级计量经济学，邀请中科院系统工程研究所王毓云研究员讲授建模方法论和 Gerard Debreu 的价值论(Theory of Value)。这些数理训练对我们迅速掌握经济学研究工具，从事主流经济学研究，打下了坚实的基础。

三、重视学术交流和教育国际化

林老认为在学术研究中，信息获取和交流非常重要，因此，他在我们研究生时就非常重视学术交流。除了上述频繁的国内学者交流活动外，他还多次联系国际著名学者来进行学术报告并授课，包括麻省理工学院 Franklin Fisher 教授、明尼苏达大学 Leonid Hurwicz 教授和李龙飞教授等。此外，林老师还积极安排我们参与普林斯顿大学邹至庄教授主办的经济学福特培训班，并鼓励我们参加教育部出国考试项目。这些交流不但开阔了我们的视野，也使我们结识了一批国际知名学者，对后来在美国深造有很大帮助。

更重要的是，林老还积极倡导并大力推行教育国际化。他深知，我国经济学研究落后的局面，只有依靠和主流经济学教育接轨才能改变。因此，他总是利用一切机会来推行国际化教育。除了上述国际著名学者访问交流、鼓励出国进修学习等国际化方式外，对某些主干课程，林老师身体力行，坚持用英语授课；教材和教学内容也尽可能和国际一流学校接轨。他上课大多采用国际通用教材或讲义，其中

有些是从美国带回来的,有些是国际著名学者讲学时赠送的。直到现在,林老对引进国际先进教材仍然非常热心。

多层次学术交流和全方位国际化,增强了我们对经济学的理解和研究工具的掌握。大量课程和国际接轨,减少了到国外学习的转换成本,使得我们容易深入到学术前沿。譬如,得益于当时 Debreu 的价值论课程,我后来在攻读博士期间,学习类似课程时,就轻松了很多。

四、理论和实际相结合

林老非常重视学以致用,在研究生培养中安排了大量的实践课题。这包括安排我们到社科院数量经济和技术经济研究所,参加关于中国经济投入产出分析的课题;参加湖北省武汉市政府组织的关于技术进步和经济增长估计预测的课题;等等。通过这些课题,我们了解到中国国民经济运行的情况,也积累了一定的社会工作经验。这对我后来从事经济学研究具有潜移默化的影响。

值得一提的是,当时在华中工学院开展西方经济学教育,得到了朱九思校长的大力支持,其中包括在硕士层次开设数量经济学专业。除了林老师以外,学校还有一批相当有名的经济学教授,包括张培刚老师、李楚霖老师等。领导的坚定支持,以及高水平的教授群体,也是当时成功的重要因素。

回顾以往,作为一名经济学教育家,林老将现代经济学教育和我们的现实情况,特别是将经济学和数学教育很好地结合,在较短时间内,给我们打下了扎实的经济学基础,使我们具备了进一步深造和直达学术前沿的能力。即便在目前的教育条件下,用今天的标准来衡量,其贡献和意义也是相当大的。这对当前经济学教育事业,无疑具有很大的启示。

早年,林老积极从事数理统计和计量经济学的教学科研工作,做出了很大贡献。很多著作都是第一次在国内出现,影响了当时许多年轻人。近年来,林老师年事已高,但依然为经济学教育耕作不辍。我也注意到常有老师的译著等科研成果问世。这些工作背后,都凝聚了林老师对经济学教育和人才培养的深厚感情和殷切期盼。这也不断鼓励我潜心学术研究,并为国内经济学管理学教育做些力所能及的事情,以更多成果来回报老师的培养。我也希望借此机会,表达自己对老师由衷的感激之情,并衷心祝愿老师健康长寿!

欧文·费雪的传奇

赵 峰*

欧文·费雪(Irving Fisher,1867～1947),货币主义和计量经济学的创始人,著名的交易方程式(MV=PQ)的阐释者。詹姆斯·托宾说他是美国有史以来最伟大的经济学家,萨缪尔森说他的博士论文《价值与价格理论的数理研究》是经济学界前所未有的最伟大的博士论文。(萨缪尔森的同样为计量经济学奠定重要基础的博士论文《经济分析基础》被认为是费雪之后最伟大的博士论文。)当代最杰出的经济思想史学家马克·布劳格称费雪为"美国有史以来最伟大的当然也是最具有传奇色彩的经济学家之一。"

费雪的一生确实充满传奇。1898年,31岁的费雪就成为耶鲁大学教授。在他的时代,这是个了不起的成就。要知道,与费雪同出萨姆纳门下的大名鼎鼎的凡勃伦的职称终身没有超过副教授。但是,同年,志得意满的费雪就被诊断出肺结核,在当时这是绝症,等于被判了死刑。费雪没有被病魔击倒,而是成为一位为健康而战的斗士。此后,他隐居三年,通过长途旅行,呼吸新鲜空气、履行健康的生活方式和坚持锻炼身体配合治疗。他不仅战胜了肺结核,而且成为健康的象征。最后,费雪活到了80岁的高龄。在他的时代,费雪就是经济学家中的著名"怪人"。他天资异常卓越,因而自视甚高,有时甚至飞扬跋扈。面对争论,他态度坚决,自以为是,从来不知道妥协。生活上,他秉持清教徒的精神,严于律己,不抽烟、不饮酒,也不饮用咖啡和茶,极少吃肉。他没有幽默感,很少会笑,总是衣着整洁而古板。可费雪却同时是一个仁慈的父亲和温情的丈夫。1893年他同玛吉·海泽结婚。他们幸福生活了将近半个世纪,终身不渝地彼此相爱。

最令人震惊和感慨的是费雪对现代经济学做出的大量基础性贡献。费雪是美国第一位计量经济学家,是美国最早将数学方法系统应用于经济研究的人。1930年他与弗里希等一同创建了美国计量经济学会并担任第一届会长。实际

* 作者系华中师范大学经济学院副教授。

上，费雪是现代经济学最重要的奠基者之一。“今天许多标准的新古典理论，在起源、风格精神和本质方面都是费雪式的。……他的货币理论和价格理论是许多现代经济学的基础。”另外，费雪“被认为在分布滞后回归、生命周期储蓄理论、‘菲利普斯曲线’、对消费而非对‘收入’征税的情况、现代货币数量论、实际利率与名义利率的区别以及经济学家们的工具箱中许多更标准的分析工具等方面有所建树。”即使在今天，费雪也是任何经济学研究者无法绕过的一座高峰。现在，费雪仍然是他所处时代被引用次数最多的经济学家，而且主要是基本理论而不是在思想史中被引用。费雪被引用的次数同与他同时代的经济学家韦斯利·密切尔、贝茨·克拉克、陶西格被引用的次数的比例，在1976年到1980年间是9∶3∶1∶1。费雪最令人吃惊的是他的多产和才华。他一生写过30多本书，独立发表过2000多篇文章，此外还有数百篇与他人合作发表的论著。这实在是一串让人瞠目结舌的数字。这样一个多产而深刻的思想家，很容易被看成是象牙塔中孤芳自赏的隐者，可费雪却又同时是一个积极的改革者和社会活动家，他是禁烟协会成员，国际联盟活动的积极参与者和支持者。他曾经向墨索里尼推销过其货币改革计划，1933到1934年间曾经给罗斯福写过100封信提供广泛的政策建议。

费雪的财富故事也是经济学家中最具有传奇色彩的。

费雪一生爱慕虚荣且自视甚高，从来都相信自己会成为一个伟人——不仅在学术上，而且在财富上。他总是在寻找各种致富的途径。1910年，费雪发明了一种索引卡片系统——罗拉代克斯（Rolodex），并取得专利。1913年创办自己的公司——索引可视公司进行生产和销售。开始赢利后，1925年，费雪的公司与主要竞争对手合并，该公司后来叫雷明德·兰德公司。售出部分股份后，费雪一时成为百万富翁。丢下骑了几十年的自行车，费雪购买了一辆大号“林肯”并雇佣了一名专职司机。百万富翁的身份使费雪成为20世纪20年代“华尔街的先知”，他关于股票市场前景和宏观经济展望的言论引导着舆论的方向。在狂飙猛进的20世纪20年代，费雪是乐观主义的主要倡导者。他把股票市场的兴旺视为美国长期繁荣的“新时代”的反映。除了持有兰德公司股票外，他还购买了大量小盘成长性股票。在牛市高峰时期，费雪的股票市值超过1000万美元。这一数字实际上使费雪成为历史上最富有的经济学家。

在1929年10月华尔街股市崩盘之前，费雪仍然坚定地认为股票价格将在一个较高的水平上稳定下来，相信美联储会采取有效措施避免危机的加深，相信胡佛总统的计划能够遏制事态的恶化，相信“前景是光明的”。费雪对于市场前景是过于乐观了,他的投资基本上没有防守策略。当股指由1929年的最高点381点跌到1932年的40点左右时,费雪的投资被彻底吞没。后来经济复苏了,但费雪的经济状况一直没有复苏。实际上,他已经破产。此后,他不仅要应付沉重的负债,还要同税务机关提出的对他以往收入征税的要求进行斗争。1931年,费雪得了肺炎,雪上加霜的是他同时收到美国国税局的来信,要他支付6万多美元的税款。是玛吉的姐姐借给他10万美元才暂时勉强渡过难关。1935年, 为耶鲁大学服务一生的68岁的费雪因为年龄原因被强制退休。贫困的费雪不能付清住房款项,耶鲁大学只能同费雪签订终身租期协议,买下这所房子再租给费雪。晚年,费雪基本上是靠其妻姐的周济度日,他一共欠下75万美元,而且一直没有能力归还。费雪还一直期待能够找到帮他赚到几百万美元的方法,但也只是完成了一些毫无价值的小发明。1947年,贫困中的费雪被癌症击倒了,他的财富梦想终结了。

费雪最初成为百万富翁依靠的是技术发明而不是经济学,但他最终的失败却与他的经济学有一定关联。费雪一生的研究围绕着货币问题,但他的货币理论被认为是有缺陷的。费雪的货币理论注重宏观和长期的分析,忽视对个人与机构货币行为的研究, 这妨碍他对经济和银行系统可能存在结构不平衡的观察和认识。根据费雪的观点,资本是同质的,而且具有高度的流动性。货币的高度流动性可以避免结构性危机的产生,因此经济不可能陷入长期的严重萧条中。根据他的交易方程式MV=PQ,假定V和Q不变,价格水平取决于货币供应量。因此,货币在长期是中性的。即货币供应的变动将引起价格水平的同比例变动,不会产生长期的负面影响,因此,经济系统不存在经济周期。当结构问题导致的危机迹象越来越明显,费雪仍然执迷不悟。凯恩斯将费雪等货币主义者的这种乐观观点称为"关于当前事务的令人误入歧途的向导"。凯恩斯挖苦道:"在长期,我们都不在人世了。如果在暴风雨的季节,经济学家能告诉我们的只是当风暴过去很久以后,海面又会恢复平静,那么他们给自己规定的任务就太简单,太没用了。"对费雪来说,新古典经济学的虚幻前景带给他的不是暴风雨,而是吞噬他全部财产的漩涡。

费雪的人生传奇尤其是他的财富故事引人入胜。但是对于经济学来说,费雪的意义不在于他曾经是历史上最富有的经济学家,不在于他从千万富翁到破产者的财富历险,而在于他为现代经济学大厦建设所提供的整体设计、基础工程和大量的建筑材料,在于他作为货币主义、计量经济学的创始人和"交易方程式"提出者和阐释者的身份。

哈佛散记（二）

张晓晶*

一晃就快一年了。初进哈佛时的那份激动，逐渐归于平静。传说中的、带了许多光环的、抽象的哈佛，现在已经具体而微了。

从手里端着咖啡在哈佛园匆匆而过的学生到衬着Memorial Hall在夕阳下变得如梦如幻的喷泉；从冰天雪地里领受喂食的乖巧的小松鼠到查尔斯河上排成方队的悠闲的野鸭；从越摸越亮的哈佛铜像的左脚到自然历史博物馆中令胡适大赞不已的精妙绝伦的玻璃花；从哈佛广场露天咖啡馆弥漫着的轻松与随意到每逢大考前舒解压力的尖叫与裸跑；从本科新生千人共餐于大食(礼)堂的壮观到哈佛工人为争取平等待遇而绝食的执着；从刚刚结束的热烈奔放的艺术节到值得期待的毕业典礼上比尔·盖茨的演讲……

这些在心头不断浮现的哈佛印象，就像摄影机的镜头，摇过去又摇过来，未经剪辑的凌乱和真实。

经济系的数学和《经济学季刊》

学经济的离不开数学。而经济研究中的拦路虎往往也是数学。哈佛经济系的数学一度是不怎么样的。

在熊彼特“主政”的时候，开始注重数学。但遗憾的是，他自己的数理并不敢恭维。所以，尽管熊彼特在经济系开经济数学课，但在数学系的人看来，只能用“糟糕”二字来形容。后来教数理的任务交给了里昂惕夫。直到1960年代，经济系数理薄弱的局面才有所改观。

这里还有一个与数学有关的故事。据伯南克说，萨缪尔森在哈佛毕业后之所以选择去MIT，一个重要原因就是在哈佛经济系，学生们的数学不行，从而萨缪尔森那本经典的《经济分析基础》在哈佛并没有市场。不过，据哈佛人的回忆，则是由于这边不给他位置，把他逼走了。他们后来很后悔，觉得放走了第一个获得诺贝尔奖的美国经济学家。

---

* 作者系中国社会科学院经济所研究员，现为哈佛大学经济系访问学者。

曼昆也说,高中时数学是自己的强项,在数学SAT考试中得了800分,还得了当时的高中数学奖。但直到他上了普林斯顿,看到数学方面真正的牛人的时候,他才发现自己在数学方面能力的局限。他选了一些很难的数学课,但成绩平平。不过,他说,现在他的学生们数学大都非常厉害。近年来,他的一些论文合作者都是有很强数学能力的哈佛学生。而自己的比较优势则在于经验、直觉、写作能力以及有一只对重要问题嗅觉敏锐的鼻子。因此,建议那些数学能力不太强而又想做经济研究的学生(者)们,最好是做教授。

今天,哈佛经济系有来自MIT、普林斯顿等校毕业生的加盟,在数学方面和以前当然不可同日而语了。不过,这里数学化的味道仍然不浓。这是和当年里昂惕夫反对经济学数学化有关?抑或是自知竞争不过近在咫尺的MIT经济系的数学而避短扬长?更深层次的原因恐怕是,没有人真的以为数学化是经济学的归宿。

下面这个故事是经济系引为骄傲的。读者可能知道,哈佛经济系有一本重量级的学术杂志《经济学季刊》(Quarterly Journal of Economics,简单称QJE),目前由巴罗主编。这是哈佛经济系在19世纪末自创的刊物,前四期网罗了不少大家包括马歇尔、埃奇沃斯、杰文斯、庞巴维克等人的文章。马歇尔称赞说,美国的这本学术杂志很了不起,在英国还没有可以与之对等的刊物。正是在这样的氛围下,英国后来创办了《经济杂志》(Economic Journal)。最值得一提的是,美国经济学会觉得QJE实在是办得好,于是打算把自己想出的学会季刊与哈佛经济系的季刊合二为一。但是,骄傲的哈佛当时拒绝了这一请求。现在看来这一拒绝为经济学的发展做出了巨大贡献。因为不能合二为一,美国经济学会只好于1911年自己出了一份刊物,这便是现在执经济学之牛耳、学子们心向往之的、鼎鼎大名的《美国经济评论》。

理想主义者萨克斯

萨克斯(Jeffrey Sachs)现在是哥伦比亚大学地球研究所的所长。他是从哈佛出走的。提到他,是因为最近在一次会上的相遇。4月上旬的华盛顿正值樱花盛开的时节,我去布鲁金斯研究所参加亚洲金融危机10周年纪念学术研讨会。其中印象深刻的是萨克斯的午餐主题演讲。

他演讲的题目是“2050年的全球经济”。他开玩笑说,如果预测宏观,那么很可能三个月就能见分晓;但预测2050年的经济,则没有那么大的风险。他因为旅途劳顿而略显疲倦,但还是一如既往地精干,吐字清晰但语速较慢,俨然一副国际社会领袖的派头(大

凡领袖之类，说话都是比较慢的，如果大家仔细观察会发现这个秘诀。我猜想在给这些领袖做培训的时候，语速恐怕是一个重要的训练项目吧）。萨克斯讲到了中国北方的水资源问题。他说，要想缓解北方水资源短缺的问题，应采取新的人口定居政策，比如让北方的一些人口迁到中西部。这一提法很让我震惊。因为从经济发展角度，有不少国内专家已经提出要在东部大力发展大城市（带），中国主要人口（占总人口70%～90%）都将分布在东线的如珠三角、长三角与京津冀地区。为配合这一战略，已有相应的人口流动政策（户籍制度正在改变）及西气东输、南水北调工程等。这和萨克斯的想法恰恰背道而驰。为什么会有这种分歧？是他不了解中国国情吗？事实上，萨克斯针对中国西部地区的考察已进行过多次。我理解这种分歧恐怕在于：中国专家们更多关注的是增长，而且是未来20年的经济增长；而萨克斯更多关注的资源限制的刚性，而且是未来四五十年甚至更长时间的资源限制。在强调人与自然的和谐以及中国环境不断恶化的背景下，萨克斯的提法未尝不是一种新的思考维度。

萨克斯接着说，就全球而言，水的问题从而粮食问题并没有那么严重。但环境所带来的问题（如全球变暖）是非常严峻的。作为一名经济学家，他认为增长模型已经取得了较大进展，如考虑到知识技术的重要性，加入了人力资本；土地也可以进入增长模型了，但如何加入资源限制变得越来越迫切。正是基于对资源限制的关注，使得他对计划与市场关系的看法有了新的体会。他在给转型经济国家做顾问的时候，主张的核心是引入市场，并且提出备受攻击的“休克疗法”。但在非洲发展问题上，在自然资源与环境问题上，他认为价格信号有时候是不起作用的，从而需要政府的干预。正因为如此，有人在评论他的《贫困的终结》一书时，指出萨克斯正走在哈耶克所说的“通向奴役的道路”上。

萨克斯是一个对全球的发展雄心勃勃的人，事实上他正在介入世界发展的进程。1980年代末、1990年代初，这是苏东剧变的时代，他在帮助或促进这些国家向市场经济转型（成败另说）；而当这些国家走上市场化道路以后，他发现还有一块被遗忘的非洲大陆，于是整个精力投入到了非洲。非洲不会在今后的几年甚至十几年中发生根本的转变，因此我想，他今后工作的重心将会一如既往地在非洲。作为这个实用主义时代少有的理想主义者，萨克斯在非洲的实验令人钦佩。

与经济学的亲密接触

哈佛的课好在哪里？这是别人喜

欢问起、自己也经常自问的一个问题。我的第一反应就是，在这儿听课，觉得离经济学最近，能够身临其境经济学的发展。

经济学是舶来品，中国人在学的时候难免有一层隔膜。再加上有时候繁杂的数学模型的张牙舞爪，更是让人难以接近。不过，在哈佛，你会觉得经济学要容易接近得多。

以前掌握的经济学知识，常常是外在、抽象的，与自己无关的。但在这里，你会感觉，经济学就在你身边，而发生在经济学演进中的故事从老师口中娓娓道来，有时这位老师就亲历其中。当巴罗在评述弗里德曼学术贡献的时候，当曼昆在谈论卢卡斯批判的时候，我就有这种深刻的体会。这些当然是西方人学习“西方经济学”的优势。宏观经济学的发展，基本上就是围绕着西方特别是美国经济的问题而展开的。从20世纪30年代的大萧条、战后到60年代增长的黄金时代，再到70年代的石油危机与滞胀，以及90年代全球化的发展，与之相应的是三四十年代的凯恩斯革命，60年代索洛宣称宏观经济学使命的完成，70年代理性预期与后来新古典经济学的发展，以及90年代新的开放经济宏观经济学等等。这些粗线条，我们也可以从书本上获得，但是更具体的，比如弗里德曼的哪篇文章影响了卢卡斯，或者曼昆的菜单成本灵感来自何处之类，我们就不得而知了。又比如，60年代出现的大型计量模型的应用，显然是基于索洛所说的我们已经完全掌握了宏观经济结构方面的知识（借此设定计量方程），因此宏观经济学可以休矣。但正是这些令凯恩斯主义者沾沾自喜的大模型，对卢卡斯来说，却是垃圾，应该扔到窗外去。在卢卡斯看来，理性经济人可以对政策行为作出预期和反应，从而模型的参数是会改变的。显然“卢卡斯批判”有个巨大的靶子。再比如，现在一大批活跃的经济学家（特别在开放领域），如萨克斯、萨默斯、克鲁格曼、奥博斯菲尔德、罗格夫等，当年都是同学，曾经于1977年在MIT一起聆听多恩布什（Rudi Dornbusch）的课。罗格夫说，当时萨克斯、萨默斯、克鲁格曼三人很受宠，而自己则不受人待见。多恩布什的老师是蒙代尔。于是我们很自然地看到从蒙代尔－弗莱明模型到蒙代尔－弗莱明－多恩布什模型，再到奥博斯菲尔德与罗格夫（简单称OR）有关汇率动态的Redux模型，开放经济宏观经济学就这样一步步走来。这些模型背后的故事看似学术界的八卦，实际上是打开了一扇窗口，让我们得以窥见经济学的薪火相传和新思想的源头。这时候再看理论和模型，都是有血有肉有感情的了。

让我能够亲密接触经济学的另一

个原因是课后的Section，其实就是答疑课，它让你减少了对于复杂模型的恐惧并建立起对模型的正确态度。教Section的那些助教，都练就了高超的模型推导功夫，好比庖丁解牛，常常一个复杂模型在他们那里三下两下（这是夸张，有时是几黑板）就被“解决”，让你觉得，复杂模型即使有个狰狞的面具，真的深入进去，也并不可怕。另外，国内的讨论，由于缺少平台或者说共识，经常会在一些基本问题上争论。比如为什么效用函数是这个形式？你可以这样设定，我难道不可以那样吗？我们时常以为这些设定是一些天才的突发奇想或者多少有些随意，其实不然。不同的方案，在他们那里都是有过争论的，争论来争论去，最后才发现，这个设定比较好，至少目前来看是比较好的，于是留下来，进入主流教科书并被广泛应用。比如，在讨论粘性价格的时候，有Taylor设定的模型，也有Calvo的模型，但最后，人们用的多是Calvo的。原因正如布兰查德所说，这个设定是比较易于处理的（tractable）。再有，Dixit-Stiglitz的偏好设定也应用广泛，不过，用它的时候需要理解这个设定是“偏爱多样性的”，即在一定的预算限制条件下，消费种类的增加就一定会增加其效用，哪怕因为总的消费种类的增加而减少了单个种类消费的数量。如果模型的目的和这种“偏爱多样性”并不相符，显然这个设定就不适用。有时候，一些设定，纯粹是出于求解的需要。因此，我们也要看到经济学的局限，它会迁就数学的发展。但这并不能成为我们拒绝模型的理由。

毕业论文与“中国问题”

毕业论文对哈佛学生也是考验。毕业答辩一般分口试和论文两部分。

口试主要是考查学生对文献的熟悉程度。听起来好像很简单，其实也是真功夫。因为要掌握大约一两百篇文献，才可能不被问倒。想想这是怎样的工作量？有时候，一篇文献要花好几天都未必能啃下来。我们的学生在读文献的时候，有时候可能只看看摘要，以为把握了精髓，而在这里，老师往往要问：某篇文献与另一篇文献有什么区别？在哪些方面取得了进展？是在理论模型上还是计量方法上，或者是某个部分的处理技巧上？如果不深入文献，显然难以过关。阅读文献的关键是要学生领会文献作者分析和解决问题的思路。这是学术入门的基本功，对于论文写作也极有帮助。哈佛经济系的一位博士生说，他非常喜欢参加一些Seminar，看高手大腕们如何过招。其实就是想看看这些学术大师们是如何思考问题的。而这些东西，书本是永远不会给我们的。只有这样的学术环境熏陶，加上自己的钻研，才可能体会到这种境界。“独上高楼，望尽天涯路”，那种大彻悟，绝不是一两年能够修炼成的。

这里的毕业论文写作不需要国内那样长篇大论，一般只是一篇文章（Job market paper），却最能磨炼人。比如看到一篇东西，老板（导师）说：“这个结果怎么会是这样，不太明白，你看是怎么回事？”如果自己恰恰明白是怎么回事（这种概率很低）还好，否则，就只能从头演算。要是某个计量方法以前没学过，现在就只好现学，然后把别人的结果复制出来。这个过程，费时费力。当然，你能复制，就比较能够理解文章的含义以及作者的出发点和逻辑了。这个道理谁都明白，但谁愿意那样去做呢？尤其是要花那么长时间？国内有些学生忙于找工作，早就知难而退了，而导师也善解人意，根据国情从宽处理。师生皆大欢喜，论文可能就惨不忍睹了。

关于论文选题，看到国外媒体以及美国政府对于中国的“过度关注”，似乎中国问题已经变得非常重要了。但圈内人聊起来，还是觉得中国问题可能不及阿根廷的债务问题重要；由于历史的、制度的原因，中国问题可能也不及印度甚至肯尼亚问题重要。或许这也跟很多活跃在美国经济学界的教授来自于南美、印度等地有关吧（据我所知，在哈佛经济系好像还没有一个正式的中国教授）。不过，这种情况可能正在改变。从学术发展来看，如果说宏观经济学发展来自于美国的经验，那么国际经济学的很多理论进展就与80年代日本的发展经验有关。转型经济学更多关注的是前苏联和东欧的经验，而中国经验在发展经济学中变得重要起来。参加肯尼迪政府学院的两次讨论，一次是有关中非问题的；另一次是Dani Rodrik讲制度与增长，从头至尾就没有离开过中国。并且，现在讲开放经济也言必称中国。比如任何一门高级国际经济学课程中的全球失衡问题，就不能不讲到中国。我感觉，中国的经验在推动着发展经济学的发展，而中国的影响（与其他国家的互动）在推动着国际经济学的发展。当然，这些学术发展如果由中国人自己做出来就更好了。

韩国为什么会引人注目

徐康宁*

小洪兄写了很多关于韩国经济、社会和文化的文章,读起来很有意思,为韩国学在中国的传播做了不少有益的事。最近又读了他的《"韩流"盛行于中国及其原因》一文(《经济学家茶座》第27辑),若有所思;加上平时也比较关注韩国,最近又去了韩国一次,产生了不写几句不快的冲动,于是就有了这篇小文,以求教于小洪兄和读者朋友。

小国大志的国家

韩国是小国还是大国?这个看似极其简单的问题,回答起来并不容易。从国土面积看,韩国是小国,只有9万多平方公里,比中国的江苏还要小,和浙江相当。韩国的人口也不算多,据最新的统计,为4800多万,在亚洲只能算小国,因为亚洲人口过亿的国家有好几个。若放在欧洲,韩国算得上中等规模。若是看国家在世界的影响,尤其是在世界经济的影响,似乎韩国又不能算是小国。

韩国的经济总量(GDP规模)在世界上排第11位,货物贸易出口在世界上也是排第11位。要知道,国家要比韩国大得多的俄罗斯和巴西,经济总量在世界的排名也才第13位和第15位。一般情况下,大国至少是影响大的国家,才有机会举办奥运会,韩国虽然不大,却是亚洲第二个举办奥运会的国家,比中国整整早了20年,也是世界上第二个举办奥运会的发展中国家。

还可以从下例中看出韩国不是小国。东盟有一个对话机制,主要是和亚洲大国的对话机制,其中有一个"10+3"对话,分别是和中国、日本、韩国对话,每年一次。看来韩国至少在亚洲是被看做大国的。

从地理学的角度讲,韩国是小国,但这个小国的志向却很大。韩国立志要做东北亚的经济中心,而且要在2020年前实现这一目标。东北亚是什么范围?地理学上似乎没有明确的界定。但人们的共同看法是:中国的东北和华北在这一范围内,俄罗斯的远东在这一范围内,整个蒙古和日本应该也在这一范围内。在韩国官员和一部分学者的心目中,这个范围似乎还要大一些,至少整个中国在其中。为了实现这

---

* 作者系东南大学经济管理学院教授。

一目标，韩国在21世纪初建成了仁川国际机场，并努力使之成为整个亚太地区的枢纽机场。看到仁川国际机场的规划，只能用“雄伟”、“远大”这两个词加以概括。目前，仁川机场的年旅客吞吐量为2600多万人次，比不上北京的首都国际机场，更比不上香港新机场。但仁川机场的远期目标就是要把北京、浦东、香港还有东京的机场比下去，将来的旅客吞吐量要达到1亿人次！要知道，目前世界第一的美国亚特兰大机场的旅客吞吐量也只有8000万人次，而且基本上不再增长了。韩国国内只有4800万人，每年要接待1亿的旅客，只有更多地发展国际转机业务。所以，中国旅客抵达仁川机场感到很亲切，因为机场内所有的标牌都有中文（当然也有日文），除了中韩关系日益亲密的缘故外，发展中国旅客转机去北美的航运业务也是仁川机场的重要目标，事实上，这样的航班已不在少数。值得一提的是，旅客在机场内随处可看到这样的宣传语：2007年仁川国际机场被国际机构选为世界最佳机场。

中国在2006年举办了一次世界瞩目的“中非论坛”，韩国紧接着举办了一次“韩国与非洲论坛”，通过了“首尔宣言”。虽然参会的非洲国家比到北京参会的国家少了很多，但也足以表明韩国的意思：非洲重视中国可以，但也不能小看了韩国。

韩国大田附近有一科学工业园，有点像北京的中关村，中文的名字叫大德谷，是IT产业和生物工程企业聚集地，当初是在美国硅谷的启发下建起来的。我到韩国两次，两次都去过那里。说实话，印象中韩国的“硅谷”在技术上比不上美国的硅谷，在产业规模上比不上我国台湾的新竹，但就在最近这次参观访问时领到的介绍册上，一句话醒目地用英文、中文写着：“要在2015年把大德谷建成世界第一的科学园区。”

在韩国期间，同行的周勤教授告诉我，他看到的一份韩国宣传资料上有这么一句话：“韩国要用几十年的时间，建成仅次于美国的世界第二发达国家。”我不敢相信，因行程匆匆，未来得及找出资料出处核对，但我相信这在韩国是情理之中的事情。

小国大志的原因

韩国为什么有这么大的志向？这需要从经济、政治、社会等不同的角度加以仔细研究。本篇小文无力完成属于一篇学术宏论的任务，也不可能面面俱到，但还是想做点思考。我想这可能和韩国特殊的地缘关系和历史背景有关。

韩国地处东北亚，与三个大国相邻：中国、日本和俄罗斯。按照韩国学者的话讲，韩国始终在大国的夹缝中求生存。美国与韩国相隔万里，但美国在亚洲有其利益，韩国与美国又有特殊的历史和现实关系，美国与中国和俄罗斯免不了经常有大国博弈的事情发生，韩国都是夹在中间。所以，韩国实际上是与四个大国周旋。长期

与大国周旋的经历，造就韩国人立志做大国人的决心，至少要成为一个大国不可小视的国家，这样才能平衡好大国之间的关系，更重要的是使自己国家的利益得到保证。近两年韩国在国际关系中发出的信号和声音很是强烈：要做东北亚局势的均衡者。意思是既不得罪大国，也不做大国的随从。韩国政府的外交定位基本上遵循了这一思路，这一外交定位反映了韩国努力寻求更大国家地位的目标。

韩国的历史更是让韩国人自强不息，立志要做一个强大国家的公民。韩国历史上曾经遭到蒙古人的侵略，几个重要城市都被血洗过；曾经是明代和清代中国的附庸国，国王即位需要得到中国皇帝的册封（虽然只是形式上的）；尤其是近代沦为日本的殖民地，前后长达四十余年，民族遭受的苦难非同一般。日占期间，韩国人被迫学习日本的文字，向日本天皇效忠，替日本人打仗。甚至韩国人在国际体育比赛中取胜，升起的国旗却是太阳旗。长期以来外来民族势力的挤压，磨炼了韩国人的坚强意志；韩国更是在历史上的实力外交启发下，下定了用实力增强民族自尊的决心。

此外，韩国还有一个复杂的南北关系。一些韩国学者认为，韩国越强大，越有利于提升朝鲜民族的凝聚力，国家统一的日程表就会早一天到来。

韩国国内市场较小，要想像大国那样发展经济，光靠国内市场是不够的，所以，韩国涌现出了一批以全球为市场的大公司。三星、现代、LG、浦项这些巨大的公司能够出现，与韩国人追求世界影响力的心理是分不开的。在欧洲，也有一些小国大企业的例子，如荷兰的飞利浦、瑞士的雀巢、瑞典的 ABB 等，但一个原先只是落后的小国能涌现这么多的大公司，而且是在较短的时间内，似乎只有韩国。

国内狭小的市场是造就不出如此巨大的公司的，因此韩国的大公司几乎都是彻底多元化经营的，范围经济的原理在韩国得到了最充分的体现。我这次在韩国期间，逛了一家在所住酒店附近的大型百货公司，一问，是现代集团经营的。在首尔市的地图上，还能很容易地找到了三星集团经营的百货商店。三星和现代集团建筑公司建造的房屋，在首尔、釜山更是到处可见。在韩国我还了解到一个凭常识难以想象的事实：LG 之下有一个服装公司，而且还有打造世界名牌服装的发展规划。真是很难把 LG 品牌的科技元素和服装加以联系，但这就是韩国。

韩国为了让世界关注自己，扩大国家在世界的影响，非常看重举办大型国际活动，尤其是世界级赛事。在韩国期间的一天，陪同我们的李小姐（一位在中国出生的韩国人）非常兴奋地告诉我们：韩国的大邱申办世界田径锦标赛昨天成功了！她还骄傲地说，这样，韩国就是能够举办三大世界赛事的国家。另外两大赛事分别是奥运会和世界杯足球赛。回国后又看到这样的新闻：韩国的丽水获得 2012 年的世博会举办权，仁川获得2014年亚运会的举办权，平昌正在申办2014年的冬奥会。

韩国已经有了一位联合国秘书长，这让韩国人骄傲不已。已经不止一位韩国学者对我说过，韩国人现在最期盼的是出一位诺贝尔奖获得者，而且一定是科学奖，不是和平奖，因为和平奖韩国人已经拿了一个(金大中)。如果说中国现在急于拿诺贝尔奖，那韩国人比中国人还急。黄禹锡让许多韩国人的梦想破灭，所以直到现在还有一些韩国人怪罪揭发黄禹锡科学造假的新闻媒体。韩国人会在中国人之前得到诺贝尔奖吗？我不愿做这种猜测，但韩国人的心理以及韩国政府的决心让这种猜测增大几率。

做大决心的后面是干劲

亚洲与韩国有相同或相似历史和机缘的国家有好多个，中国就是其中一个。为什么结局是韩国和别的国家不一样？或者说其他国家为什么没像韩国那样引人注目？有的学者是用儒家文化和民族的团结精神来解释，但我认为，除了儒家文化外(民族的团结精神也来自于儒家文化)，韩国人讲究实际、重视效果也是一个重要原因。韩国是一个东方国家，但又是受西方思想文化熏陶很深的国家。我的观察是：韩国在礼仪、人情、习惯方面受儒教文化影响大，在制度、规则、秩序方面受西方思想影响大。前者是表象的，重形式的；后者是骨子里的，真正起作用的。

我们在韩期间，正值韩美自由贸易谈判最后关头，电视和报纸每天都报道示威群众激进行为的新闻，但最后韩国还是让自由贸易谈判取得结果，并且做了一定的让步。在市场问题上，韩国更加看重利益，而不看重群众的情绪，以竞争及其结果为第一考量。

曾经读过一本三星老总谈管理的小册子，满篇都是如何抓产品创新、抓质量管理、抓市场营销，似乎没有多少大道理。如果是中国的老总，一定会总结出很多富有哲理的管理思想。和中国人相比，韩国人似乎少了一些清谈，少了一些争论(参加有韩国人参与的学术会议，很少看到韩国学者热烈争论)，但干起活来的劲头明显要大一些。

已有韩国学者在研究如果南北统一后国家的竞争力有多强的课题，并有人认为，那将是另一个德国(韩国和朝鲜加起来的人口与德国相当)。韩国也立志要把在世界上的各种排名更加靠前一些，因为韩国人十分重视这些排名。不过，在文章结尾的时候，还是想写上一句，也算是平衡一下民族自尊心理很重的部分读者(如果有的话)。韩国的科技实力和原创技术和德国相比，还有一段不小的距离，短时间内未必能赶得上，因为韩国和中国一样，民族的科技创新基因培育的时间还比较短，而这是要从思想文化和制度演进中去长期积累的。从这一点上讲，韩国要成为真正意义上的大国，也不是一件容易的事。

好政府？坏政府？

赵 泉*

比较研究国家间的“制度质量”(Institutional Quality)是近年来兴起的一个研究领域，似乎不太热门，但绝对重要。如何评估制度质量当然不能看谁贴的标签更漂亮，而是看瓶子里装的什么酒。“龙象之争”或许是个缺少根据的故事，但我们必须注意：那个被遮掩在中国经济增长阴影中的南方邻居，已经紧随我们身后，高速增长了16年，他们赢得的喝彩越来越响亮。机缘凑巧，我在这篇文章里要观察一下她。

印 度

丈夫前不久随一个代表团访问印度，由于我一直对这个邻居感兴趣，提出了一系列问题要丈夫代我观察和记录。根据显示性偏好原理，政府的制度质量应该由那些观察到的客观事实来反映。他是个称职的“调查员”，用数码相机和笔记带回了大量印度各个方面的图片和资料。用他的叙述或许更加拉近了对印度的观察：

“新德里没有高速公路，很少看到立交桥，建筑低矮、散乱，交通拥挤程度接近北京，但道路远没有北京宽阔、干净。在阿迈达巴德，众多的印度人好奇地围在我们这些访问者身边，任何人都会一眼看出这里的贫穷。

“在印度城市的街头、商店、民众之间甚至他们的政府部门，你很难不产生‘优越感’、‘民族自信心’。这里的街道狭窄、肮脏，到处是垃圾。印度人随地便溺，即使在那些著名风景点上，导游都不时提醒注意脚下的‘地雷’。我一再想起弗里德曼夫妇描述的‘垃圾与恶臭难以忍受’。”

---

* 作者系北京工商大学经济学院教授。

民主是有欺骗性的。“在与印度方面的座谈中，一位中国的‘官员学者’发言：‘中国的经济发展水平已经走在印度前面；印度的政治文明程度却走在了中国前面。’会下，我向他提出不同的意见：‘经济发展水平和制度文明程度就像一对舞伴，一个(经济)主动向前，另一个(制度)亦步亦趋。只要看看印度的公共产品如此缺乏、质量如此低劣，就可以判断印度政府的制度质量远远低于中国政府。’制度不是个空瓶子，它的内容是政府的效率和执政能力。”

果然，印度政府部门的一位官员很快就谢绝了这种赞誉：“我们非常羡慕中国政府，由于政治稳定，可以推行连续的政策。我们也在研究并积极学习中国，比如引进外资，可是，借口保护‘民族工业’的反对声音非常强烈，工会也要求更高的最低工资……如果我们不答应他们，下一次选举，就会把我们赶走。”印度的人均GDP不到中国的一半，但他们很多大城市的最低工资却与中国大中城市相当或接近，更重要的是，我们的城市政府对最低工资其实采取了睁一只眼闭一只眼的态度，而他们保护最低工资的力量却很强大。这意味着印度有更严重的市场扭曲。

对比一下印度的场景，更容易理解改革开放政策给我们带来的富足与文明：“印度大街小巷到处是乞丐。我惊奇的是，弗里德曼50年前(1955年)访问印度时的景象，在印度任何城市都一再地重复着：只要车一停，乞丐就像从地下冒出来一般围上来。他们用非常熟练的手势比划着：‘I'm hungry.’你要是给任何一个乞丐一个卢比，‘半个孟买的人都跟了上来’(罗斯·弗里德曼语)。那些儿童，并没有像弗里德曼夫妇描述的那样在我们面前‘翻跟斗’，但他们在根本没有为你做什么的时候，也伸着手乞讨小费：‘Tip！Tip！’”“这里的穷人没有骨气，富人没有心肝。”(米尔顿·弗里德曼的原话是：“头一次来访的人会被上层社会的铁石心肠所震惊，但是很快就会明白，除非采取这种态度，否则富人就不能生存。”)

去年，中国的GDP达到2.7万亿美元(20.94万亿元人民币)，印度接近1万亿美元。中国不仅在经济发展水平上领先于印度，政府提供公共物品的能力也远远超过了印度。去年春天经过安徽北部，那里发达的高速公路网和巨大、复杂的立交桥，令我眼花缭乱。市场经济给中国带来了奇迹：中国2000年以来新建高速公路超过2.4万公里，而印度的高速公路似乎刚刚起步，如果说高速公路带有准公共物品的性质，那么，中国政府建设高速公路的速度无疑是令每一个中国人都深感自豪的。

新德里、斋普尔和阿哥拉，号称印度的旅游金三角，“斋普尔到阿哥拉的距离大约210公里，我们乘坐的中巴竟然跑了8个多小时”。

"在印度十几天的访问已经让我们一行非常厌倦,虽然没有像米尔顿·弗里德曼夫妇那样'忍无可忍',但人人归心似箭。去机场是我们最愉快的经历。"

"你无法想象,新德里国际机场有多拥挤!"见我不解,丈夫说:"比北京上世纪80年代任何一个最拥挤的汽车站都要拥挤十倍。他们的国际机场甚至不如我们中西部省份的机场大!""我看到这个场景简直懵了:我能够挤进去吗?我能够顺利离开这里回到北京吗?我很快下定决心,像广大印度人那样,拼命往里挤,但想把脸皮变厚可不是那么容易做到的,还是忍不住让了一对骂骂咧咧的印度老夫妇。回来后,我还非常不解:怎么连印度的老年人都难以让人尊敬。"

"离候机大厅门口可能有20米的距离,我这么大块头,身强力壮,竟然花了25分钟才挤进候机大厅。在北京生活近20年养成的自觉排队、礼让妇孺、尊敬老人等习惯,趁早扔到一边去。猜猜看,谁先挤进了候机大厅?是那位'官员学者'。第二个是紧跟在他后面的一位女官员。在10个人中我是第5个挤进去的。

"那天晚上,一行人相互提醒:这是印度!一定要早点去机场!晚上11:30就到机场了,凌晨3:15的航班,挤到登机口时,还剩下15分钟。

"一行人中,有人发誓:'一辈子也不想再来印度'!这可能是当时所有人的真实想法。但有人思考一阵后,说:'愿意10年以后再来看看'。"

尽管他们一行的经历似乎不令人愉快,但近年来,在促进经济增长和反贫困方面,印度政府得到的赞誉像中国政府一样多。一个实在无法理解的问题是,他们高速增长16年的成果是什么?首都国际机场是一个国家的脸面,民主选举的印度政府似乎不太关注自己的脸面。

"国际上为什么有那么多人热衷于中印比较?我猜想,就是希望看看'民主国家'的印度是否比'集权国家'的中国做得更好,更有效率,更有后劲。"我随口问:"那你的看法呢?"丈夫脱口而出:"我当然看好中国。中国的发展水平和制度质量都领先他们20年。不要以为贴上个'民主国家'的标签就什么问题都解决了。"

美　国

一个月后,丈夫接着访问了美国东海岸一些城市,同样带着问题并带回了一大堆材料,这次无论是他还是我,受到的冲击是同样强烈的。

我看到一个细节:这里的卡车和大巴比中国大得多,尤其是卡车,两个粗壮的烟囱,在国内从来没见过,好像在一个纪录片上看到俄罗斯运输洲际导弹的汽车才有这么大。可以推断,美国的道路和桥梁的承重量一定不比中国的小。但他们的立交桥桥墩却比中国细得多。我们已经习惯了粗大的桥墩,这让缺少工程知识的普通民众感到很安全。没想到我的推测"中国政府更关注老百姓的安全"被丈夫的笑声打断:"建这种桥墩并不需要什么高新技术, 美国30年前的桥墩之所以比北京今天的桥墩还细,因为纽约市政府的制度质量比北京市政府高。"

看我有些不解,他解释道:"中国的市政工程都是由政府出资,国有企业承建的。国有企业(私营企业也一样)为了把工程预算尽可能地提高,一方面要贿赂相关的政府部门官员,另一方面,则通过把桥墩建得更加粗笨而增加预算。根本原因就在这里。当然,建筑商也可能担心中国的钢筋水泥质量不过关,故意加粗一点。"

中国政府在提供公共物品的能力和效率上,当然远优于印度政府,但与美国政府相比,差距立即显现出来,而且体现在每一个细节上!经济学家在研究制度质量时,设法量化。如果我们能够把各个城市的立交桥承重量和桥墩的直径都调查清楚,这肯定是一个非常好的"制度质量"指标。

另一个细节是,美国的商品(能够自由流动的商品)之便宜也是很多中国人无法想象的。丈夫买了一条 Levi's 牌的牛仔裤,仅仅花了28.99美元。"在波士顿的一个超市里,甚至只卖到12.99美元。"而北京的商店通常要卖600~800元人民币。中国消费者的收入水平远低于美国,但中国消费者却要承受比美国消费者高得多的价格。

还记得亚当·斯密的论断吗?自由市场会给人们带来高工资、低物价和普遍的富裕。与我们相比,美国已经做到了。不要责怪美国政府不愿意给我们"市场经济国家地位",我们的确存在不小的差距。

有人问:"谁动了我们的奶酪?"

我的回答是:"你说呢?"

中　国

前面在描述印度时,已经从公共物品供给角度指出中国政府的优势,现在接着分析提供公共物品的效率。我从身边事件说起。2001年,我们家搬到了中关村附近,邻居告知,小区旁边即将建设一个公园。果然,很快就开工了。引人注目的是,新公园里有一个巨大的圆环(直径200米?),从地平面以下斜向上方,最高处有五六层楼高。2003年十一开园时,很多游人欢快地沿圆环游历。然而,不到三个月,这

个巨大的圆环便被施工的篱笆围了起来，春节前，再次进公园时，发现圆环已被拆除。我大吃一惊，建这个圆环要花多少钱？为什么刚刚建成就拆了呢？

公园本来修了五个门，分别在公园的东南角、西南角、东北角、正北面和西北角。然而，开园大约一个月，东南角和西南角的门就被铁栅栏围了起来，我们本来从东南门进最便利，这样一来，只好多走路从东北门进了。为了防止游人攀爬，东南门和西南门都站了保安，从早到晚地守着。我和一个保安攀谈："公园里一共有多少保安？"回答是："60个。"再次让我大吃一惊：一个40公顷的公园，竟然配了60个保安，首都的治安还没有坏到如此程度吧？

先耗资数千万（上亿？反正没人公布这样的数据，只好猜测吧），修一个大圆环，马上拆掉；修上五个门，接着封上两个；然后再配上保安。凯恩斯的"挖坑理论"被应用得炉火纯青。一个不懂经济学的人反而更容易明白其中的荒诞："挖坑"增加了我们的社会财富吗？

城市政府的确在用纳税人的钱为广大市民提供公共物品，但是，如果缺乏透明和监督，他就会以一种"磨洋工"般的低效率来提供。看到这些，从与印度比较中产生的自豪感很快打了几分折扣。

邓小平卓越的智慧和胆识，为中国带来了经济自由和繁荣，中华民族的复兴成了无人怀疑的现实，中国历史从此不再"翻来翻去都是泪水"（张五常语）。听到一些青年学生自称"黄帝甲胄神明种"时，既新鲜，又尊敬。尽管有人将他们斥为"愤青"，对比一下印度，很容易理解并欣赏中国的年轻人找回自信与尊严、不甘人后的希冀与豪情。

在经历了改革开放带来的光辉灿烂的黎明后，唯愿中华民族再也不要掉入印度般的贫穷和黯淡之中。但冷静一下，也必须承认，比起美国，我们一只脚仍然在发展中国家行列，追赶的路程不仅漫长而且艰险。当我们的政府更加尊重市场，对自己配置资源的能力开始变得更谦虚的时候，我们与美国的差距就缩小了，我们领先印度的距离也就拉大了。

尽管国际上一些大牌的经济学家盛赞中国的发展，争相给中国政府打A+，我希望中国政府千万不要飘飘然。邓小平向来很谦虚，评价自己的成绩时，总是"及格吧"。从我们这些生活在这个国家的民众眼中看，"A+"肯定是过誉了，那一个个粗笨的桥墩、建了又拆的公共工程、排挤市场的"愿打愿挨"协议以及过高的商品价格等，都会扣减政府的得分。

从日本人的排队说起

陈宇峰 *

日本人的排队在世界上也算得上数一数二，等车的时候排队，买东西的时候排队，甚至喝酒的时候也得排上几个小时的队。来日本之前，我就听说日本人的这一嗜好。记得当时，我还有种幸灾乐祸的心理：何必苦等，大不了改天再来。

没想到，刚来日本时就给我一个“下马威”，让我对排队有了一个重新的理解。那天正是午饭时间，一位日本朋友陪我们去一家面馆。据说这家面馆已有上百年的历史，很多来东京的日本人和外国人都会去那里尝尝鲜。但等我们去的时候，才发现这个不大的地方早已人满为患，里面的二十来个位子超负荷运转，外面还有一支长长的队伍在等待。花那么贵的钱去吃碗面，还受累排那么老长的队，在现代中国人看来是件不可思议的事情。至少对当时的我来说，就是如此。与我同行的德国朋友对此也是甚为不解。日本朋友大概是看出我们的急躁情绪，赶忙解释。让我们不要着急，里面每个人吃饭的时间不能超过半个小时。一看前面几十个人，最多也就一个小时。如此一算，其实也是蛮快的。我们就安心地排起队，高高兴兴吃完面。不过说真的，在我看来，面的味道实在是不敢恭维，除了那些让日本人自己着迷的历史遗风之外。或许我对日本始终无法适应，或者是那些历史总是多少有点让我感觉到压抑。

但值得思考的是，为何在我们中国人想来如此不可思议的事情在这里却能如此有效率呢？或者，为什么我们根本没有想过去排队，而是千方百计地去搭便车，利用手头的关系、职权或者金钱去插队，从而导致整个队伍的混乱呢？

类似于新宿面馆的事情，之后我在东京屡见不鲜。总结起来，有几个原因是值得特别注意的：首先，市场本身是清晰的，而且也是相对有效的。在面馆，做面师傅尽管很忙碌，但事先的充足准备让他可以有条不紊地工作，并不会出现市场上的

---

* 作者系浙江工商大学经济学院副教授，早稻田大学21COE-GLOPE研究中心国际研究员。

供应不足问题。如果出现供应不足的情况，估计会再雇个师傅，或者老板亲自挂帅上阵。再加上，顾客在店里用餐的时间不能超过30分钟。而实际上，一般人十来分钟就能轻松搞定了。所以，作为顾客的我能明白此面馆市场的运作情况，同时也给出了一个合理的市场预期。如果面馆有20个座位，而外面有40人等待的队伍，规定就餐时间不能超过半个小时，那么意味着最多一个小时后我就能坐在餐馆里面舒服地就餐半小时。有了这些合理的市场预期，我还是非常愿意在市场中等待交易，尽管等待在经济学家眼中也是一种成本的浪费，但总体来说仍是划算。我最害怕的是：队伍前面只有两个人，但我却不知道何时才能轮到我。或许是在厨房只有一个做面的师傅根本来不及，或许是老板看到美女多聊了几句，或许是老板嫌弃我穿了一件破衣服不愿卖给我面……凡是不在“阳光”下的市场交易，“黑箱”的操作总是能给你诸多“借口”。每一次交易都有不能达成的可能，与此同时我对市场的预期也就异常不稳定。用道格拉斯·诺斯的口吻来说，那就是“如此之下的市场交易成本是非常高昂的，交易最终也很难达成”。因此，我不会再愿意花时间去排队。反之，在“阳光”的市场下，交易的预期是非常明确的，尽管等待也是种成本，但我还是乐意为之等上一个小时，仅仅为那一碗“阳春面”。

当然，市场还是一个动态均衡的结果，形形色色的市场参与者始终是我们不容忽视的重要因素。脱离了市场交易者的参与，市场则是永无止境的静止状态。亚当·斯密所推崇备至的“市场”，其魅力就在于数量众多的“匿名交易者”在无数次的交易过程中形成一个不依赖任何外部力量的完美均衡。安德烈·施莱佛等人的研究表明，一旦市场中出现异常的交易者时，并不总是有效的市场，很有可能导向长期的无效均衡之中。面馆的市场同样也是如此。

让我们再回到面馆，讨论一下外面等候的队伍。如果每个等候者都遵守市场交易的规则，安心排队，那么没有任何问题，大家都会选择排队，因为这样的等候时间并不会太长。但是，如果队伍中间出现了不安分的“藤原纪香”，觉得排队还是太慢，那么她很有可能会通过朋友的关系找到面馆老板，让她能更快地吃到这碗面。队伍前面的“石原慎太郎”，发现排在后面的人竟然用了这种手段，他很有可能会亮出东京都知事的身份，命令老板早点给他面，因为他日理万机，办公室还有堆积如山的公文需要处理。队伍后面的“盛田昭夫”，同样也会按奈不住，走到老板面前递上万元大钞，让老板先卖给面。一旦出现这些道德败坏的市场参与者，面馆的老板何去何从，该把这碗面先卖给谁呢？

1.如果老板碍于朋友的“面子”，先卖给“藤原纪香”，那么队伍中就有越来越多的等候者会通过各种渠道找到面馆的老板娘,让她去游说老板给他第一碗面。老婆的面子,你总是要给的吧?

2.如果老板迫于政府权力的淫威之下,先把面卖给"石原慎太郎",那么队伍中可能会亮出"安倍晋三"的身份。可能是真的,但也有可能是假的。反正老板不就是只认官衔吗? 只要让老板相信有更大的职位就可以了。

3.如果老板经受不住万元大钞的诱惑,把面先卖给了"盛田昭夫",那么队伍中可能就会有"孙正义"之类的人出来甩给一沓万元大钞。再笨的老板,也知道一沓万元大钞要比一张万元大钞要合算得多了。

实际上,不管老板选择哪个方案,把这碗烫手的面先卖给谁,他必将无奈地接受第四种方案,或者说最终的市场结果。

4.关门大吉。不管给谁,市场其他的交易者会纷纷模仿:有关系者,就开通各种渠道认识更多、更厉害的关系人物;有权者,以更大的权势逼你就范;有钱者,会砸出更多的钱让你简直窒息。而在市场中,既无关系,也无权势,也无金钱者永远占据多数。那他们会怎么办呢?如果可以自由进退的,那么他们会毫无疑问地选择退出这个市场的交易,而到边上那家可能味道并不怎么样,但很快可以吃到的面馆就餐。而那个碍于面子的老板,可能在朋友那里得到了一时的风光,风光过后呢?迫于淫威之下的老板,可能得到市长的经常关照,但市长再饭桶,又能吃几次呢?贪财的老板,可能得到一沓万元大钞,但接下去呢?没有那些既无关系,也无权势,又无金钱的"匿名者"参与,他的企业百年大业何以维续呢? 他最终的结果似乎只有一个:关门大吉。

尽管排队事小,但通过这一经验分析,我们可以发现:市场是相当脆弱的,甚至脆弱得无法容忍过多的道德败坏者出现。这也就是说,稳固的、持续的市场是需要良好的道德基础。脱离了道德基础,那么一个在我们眼中理所当然的有效市场也会瞬间崩塌,从此走向混乱无序的"霍布斯状态"之中,甚至不再有任何交易行为的存在。这一点对于我们这些素以"礼仪之邦"自豪的中国人来说,已经忽略得太久了。我们总是天真地以为,只要政府还以更多的权力,市场就随之建立起来。我们今天所拥有的市场繁荣与快速经济增长也是理所当然的, 没有任何偶然可言。但值得提醒的是,我们现在的市场经济中还有很多的权钱交易、腐败等等道德败坏行为孳生。所有这些,都让我这种既无关系,也无权势,又无金钱的人产生怀疑:我还该不该继续呆在市场? 或许,退出是个不错的选择。

这也正是几位新自由主义经济学家萨克斯、胡永泰和杨小凯(2001)在辩解中

国、俄罗斯转型绩效悬殊差异中所渗透出的一种最糟社会情形。尽管他们所构想的俄罗斯美好前景，我们还无从得知；他们甚为担忧的中国宪政危机，我们也无法感知，但我们可知的是，公众的市场预期以及对改革的信心是整个转型改革成功的关键所在。除了良好的市场之外，参与者的道德基础也是不可或缺的。良好的道德基础可能使我们以更低的交易成本得到一个更加有效的制度均衡。败德的交易行为可能会将整个转型改革的制度引向一个更糟糕的均衡，甚至更加无法达到均衡的状态，整个社会都陷入了无序的"霍布斯丛林"之中。

另外，或许有人会反驳，我们在春节期间买火车票不是也排队吗？甚至排的队比日本的长得多了。今年春节，南昌、长沙火车站外面排的队都已经有好几里路了，估计能打破好几个世界吉尼斯纪录。这不正说明我们具有良好的市场秩序吗？有了我在东京面馆经历的分析，国内春节火车站人满为患的购票队伍也是很容易解释的。首先，这里的队伍和我所说的市场有效还相差甚远。对于中国老百姓的收入水平来说，除了买火车票之外，对飞机票、汽车票的选择余地并不大。因此，他们退出非常困难。尽管无效，他们还不得不冒着寒冬、整日整夜地排队。

再者，为什么无效呢？很简单，主要有以下两个原因：(1)政府对铁路售票服务是完全垄断的，而且政府对铁路运输公司有着无限责任，因此铁路公司对最终的盈亏并不敏感。对于那些养尊处优的公司职工，他们关心的是"黑箱"操作的空间，而不是外面的队伍。这也就是说，我们的铁路售票市场是相当不"阳光"的。在这种意义上讲，有着一定竞争空间的航空业要比铁路好得多了。(2)千万不要忘记，在这个队伍之外，还有很多隐性的排队者，他们选择了用"藤原"的关系、"石原"的权力和"盛田"的金钱来搭便车，这些人的败德行为严重地扰乱了一个正常的市场运作，不仅给那些售票员更多的寻租空间，而且更糟糕的是我们将不得不以更高的交易成本在更坏的市场均衡点上运转。

至于怎么改革，永远都是眼前中国人所关心的重点，但这已超越了本文讨论的重点。我将会在另一篇关于日本交通运输的专栏文章中专门讨论。在这里，我只想提醒大家注意的是，市场是需要道德基础的。

歌德堡之夜

朱铁臻*

瑞典以斯堪的纳维亚山脉为天然边界与挪威相邻。我是从斯德哥尔摩乘车先到挪威的奥斯陆，然后，又从奥斯陆返回到瑞典的哥德堡。在崇山峻岭和丘陵平原中乘车奔驰，两个国家来回跑，但进出很方便，没有繁琐的进出关手续。汽车就像在国内地区之间行驶一样，没有人来检查，甚至比国内还方便，也不用交高速公路费。我们是在周末下午四点多钟抵达哥德堡，在哥德堡度过了一个快乐的月明之夜。哥德堡是瑞典的第二大工业城市，又是斯堪的纳维亚半岛上的第一大海港，有人口76万。它坐落在西海岸卡特加特海峡，与丹麦北端相望，是进出大西洋最近的港口。全国对外贸易的货物有相当部分从此启运，整个城市终年呈现着一片繁忙和繁荣景象。从美、英和西欧前来的轮船，都会在此停靠。港口条件得天独厚，终年不冻，腹地极为广阔，有"瑞典西大门"、"北部窗口"之美称。加之，哥德堡又地处哥本哈根、奥斯陆和斯德哥尔摩三个北欧国家首都的中心，方圆300公里以内是北欧三国工业最发达的地区。哥德堡本身的工业和商贸也十分发达，每年至少有几千万吨货物在此起卸。因而，港埠的地位更加显得重要。

历史上，哥德堡一开始就作为港口城市建立的。古时，它是瑞典西部的唯一出海口（当时瑞典南部为丹麦领土）。1611年港城在战争中被丹麦人摧毁。1619年，瑞典国王、外号"北方雄狮"的古斯塔夫二世阿道尔夫下令重建这个港城，并从荷兰等国招募来很多工匠、商人协助建设开发，哥德堡迅速发展成为一个大商埠。时至今日，哥德堡仍遗有荷兰城市的某些特色。

1731年，在哥德堡成立了瑞典东印度公司，专门发展对东方贸易。5年后，该公司的商船"哥德堡"号，从哥德堡港出发，通过大西洋，绕好望角，历时18个月的艰苦航行，来到中国广州，揭开了中瑞贸易史上的第一页。这条航线就是世界航运史和经贸史上著名的"古代海上丝绸之路"。广州的"十三行"中就出现了一座专供

* 作者系中国社会科学院经济研究所研究员。

瑞典商人居住、经商的“瑞行”。1745年9月12日，“哥德堡”号满载着来自中国的丝绸、茶叶、瓷器，驶回自己的故乡哥德堡港，在离港口900米处，不幸触礁沉没。直至241年后的1986年才被打捞上来，神奇的是被打捞出来的密封茶叶居然仍有茶香，还能饮用，出水的瓷器仍不逊色，至今仍陈列在哥德堡博物馆，成为欧洲人见识华夏文明的有力物证。据说，当时瑞典兴起“中国热”，家家户户以拥有中国瓷器、品中国茶为时尚。从此中国与瑞典结下了永久的友好交流之缘。如今在哥德堡港口经常能看到来自中国的大海轮，中国政府还在哥德堡开设了总领事馆。

为了推动中瑞文化、经贸交流，历时10年仿制成功的瑞典古船“哥德堡”号，2005年10月，又沿着两个半世纪前的古航线扬帆驶向中国，于2006年7月18日抵达广州。为迎接“哥德堡”号，广州市特意再现当年黄埔古港码头、南海神庙码头的风采，还在洲头咀码头搭建了占地2万平方米“哥德堡”号博览园，让市民们能在“哥德堡”号停泊期间，零距离地参观这艘饱经风浪考验的仿古船，缅怀和重现260多年前中瑞航海贸易的历史。

夕阳正在逐渐西沉，秋霞的光彩映照天空，我们踏上哥德堡最有名的街道——“林荫大道”。它全长1000米，宽50米，两侧的人行道树浓荫蔽，古老的沿街建筑风采依旧，有的还呈现出荷兰的建筑风格。道旁还有成排的餐馆和小酒吧，更活跃的是街头音乐家，他们拉着小提琴或大提琴，奏出动人的名曲却不是为着向过路人要钱，而是自娱自乐。这给街头增添了浓浓的文化氛围。坐在露天的咖啡屋，喝上一杯香喷喷的咖啡，观赏着街景，的确是一种莫大的享受。

林荫大道的尽头是哥德堡的艺术中心约塔广场。广场中心有一个喷水池，池中矗立着瑞典雕刻家米勒斯的希腊海神像。广场的正面是艺术博物馆，珍藏着北欧的艺术品，我们到时已过开馆时间，据说，里面有斯堪的纳维亚首屈一指的艺术品，只有感到十分遗憾。广场的东边是音乐厅剧院，也是哥德堡交响乐管弦乐团的驻地，这里经常有演出。西侧是市图书馆，规模看来很大，有四层楼，瑞典政府十分重视图书馆建设。大道另一端的著名建筑是大戏剧院，这是北欧唯一的轻歌剧、音乐剧和芭蕾舞的专门剧院。今晚是周末更会有精彩的演出，只是我们没有机会去欣赏。

哥德堡的经济地位如今日趋重要，工业生产仅次于斯德哥尔摩。汽车、机械、炼油、造船、纺织、木材加工等都很出色，闻名于世的瑞典滚珠轴承公司(SKF)和沃尔沃汽车公司总部都设在这里。两大公司的标记在城内赫然而立，夜幕降临，两大公司的霓虹灯广告特别显眼，把林荫大道照耀得更加光彩。瑞典滚珠轴承公司创建于1907年，创始人是哥德堡纱厂的年轻机械师斯文·温奎斯特。经过100年的发展，现在成为世界上同行业的头号厂家。它之所以能称雄于世，关键在于对产品质量的严格要求。在生产过程中，厂家采用一切现代化措施来保证质量，每道工序都装置有电子质量自动监测仪，任何一个有微小瑕疵的滚珠都会被剔除出去。因此，该公司的产品一直能成为佼佼者。哥德堡还是瑞典西部的文化中心，建有著名的哥德堡大学、哥德堡工程学院和海洋研究所等。

皓月斜挂在天空，整座城市被照得一片明亮，华灯初上，街上忙碌的人群熙熙攘攘。我们在漫步中突然想起，今天是中秋节，只是比国内晚到几个小时。可是，月亮还是那样的明，那样的亮，"千里共婵娟"，此时当为"万里共婵娟"。临行前，妻子还给我带了几块北京"稻香村"的月饼，今晚该拿出来同大家分享了。我们选择了一家中餐馆晚餐，老板为我们做了几样家乡风味的菜，其中有我喜欢的"狮子头"和卤烧鹅。大家十分兴奋，为在异国过中秋而频频举杯，我带的小小月饼也增添了气氛。我还特地拿了一块月饼送给为我们开车的瑞典司机朋友，告诉他是来自中国的月饼，他特别高兴，伸出大拇指赞扬中国。

晚餐后，我们回到宾馆。宾馆坐落在大海边，离海只有几步之遥。这时，夜幕在海上拉开，海面显得很平静，头顶上黛蓝的苍穹中高高挂起圆圆的明月，透出皎洁的清光。顿时我想起初唐著名诗人张若虚的《春江花月夜》中的诗句："春江潮水连海平，海上明月共潮生。滟滟随波千万里，何处春江无月明！""江天一色无纤尘，皎皎空中孤月轮。"眼前的景色多么亲近，多么相似！凛凛的凉风掠过漆黑的海面，窗前有轻微的沙沙声。我打开窗户，凭窗对月，注视着头顶上的圆月，一道银白的月光，轻轻地铺在海面上，显出粼粼的银波。这海边的月夜多么寂静、多么迷人。突然看见一股轻云慢慢地在移动，在向月亮靠拢，我多么希望它不要去靠近，不要去打扰。不一刻，轻云把月亮掩盖住了，只在月亮周围露出一圈亮边。顿时，大海朦胧了，远处变得阴森森的，我的心也随之沉重下来。

我仍双眼盯着被轻云遮住的月亮，不一刻轻云向前飘走了，月亮慢慢地又露出来，大海又变得明丽起来，我的心像童年时代那样雀喜。我的思潮回到了故乡，20年前，也是中秋节的夜晚，我从医院探望生病的慈母之后，孤独地来到长江大桥上，头上是皓月当空，脚下是滚滚的江水，心中无限惆怅。如今慈母已仙逝，一样的月影波光，我面对的是北海之滨的金波粼粼的大海，苍白的月光，深深地照进我的房间，淡淡的微光，引起思绪万千："人生代代无穷已，江月年年只相似……"

突听得大海冲击沙滩传来的波涛声，越来越清楚，又渐渐地远去。一会我隔壁房间里又传来古典乐曲声，可能主人也是在欣赏月夜美景，还有动人的音乐伴奏，无疑这更增添了悠悠情思和乐趣。这更使我们感到哥德堡之夜既浪漫而又十分深沉。

从明嘉靖的“改稻为桑”看政府干预的必要

胡海鸥 *

在电视连续剧《大明王朝》中，有一个官府直接决定农田价格的情节，它看起来有悖新古典经济学的不能轻易干预市场的论断，实际上却在更深层次上证明，转轨经济的价格并非市场经济中的价格，不完全为市场决定的价格不仅需要，甚至离不开政府的积极干预。在这个意义上，我们要谨慎地运用外国的论断和模型分析解决我国的问题。

明嘉靖年间财政亏空，朝廷要推行“改稻为桑”的政策，就是将稻田改为桑田，养蚕织绸，以丝绸的收益摆脱财政困境。贪官严世蕃、郑必昌和何茂才等则想借机低价买进稻田，中饱私囊，他们趁天降大雨，毁堤淹了淳安、建德两县的田，人为造成灾荒和粮价上涨，农民为度过灾年，只能低价卖出稻田，致使丰年值40~50石稻子一亩的田，跌到10石一亩。江浙总督胡宗宪告诫将往杭州任知县的高文翰，一定要以较高的价格收购农田，否则，就会富了贪官，穷了百姓，甚至逼民造反。胡宗宪的主张于情绝对必要和正确，于经济学的理却很有令人困惑的地方。因为越来越多的经济学家认为，市场是个精巧的仪器，任何对市场的干预都很可能导致市场的紊乱。

确实，对市场的干预非常可能造成市场的紊乱，因为为市场供求相等决定的均衡价格能够有效地调节市场供求，而一旦遭遇政府干预，实际价格就会偏离均衡价格，这就给市场一个错误的信号，误导资源配置。当然，在短期中，这种干预可以提高效率和维护公平，但在长期中则一定会遭遇障碍，甚至造成生产力的破坏。改革开放前，我们用行政手段实行低房租政策，短期中让贫困家庭住上廉租房，这好像对他们是公平的。长期中房屋生产者得不到应有的补偿，生产积极性遭遇挫伤，一座座城市因此失去应有的活力和繁荣，甚至沦落破败到前几十年的水平。即

* 作者系上海交通大学经济学院教授。

使用市场手段进行干预，其结果虽然比行政手段好，但仍然会留下扰乱资源配置的麻烦。譬如，农业丰收，农产品价格下跌，政府增加对农产品的收购，在短期中可以避免谷贱伤农，长期中还是要误导资源配置。因为，粮价下跌表明粮食供给太多，也就是配置在粮食生产上的土地太多，听任价格下跌，减少粮食产量，则可以将土地转移到其他短缺产品的生产上去，这就能实现土地资源的合理配置。而政府购买，抬高粮价，则给市场一个继续多产粮食的信号，有限土地仍然配置在供给已经过剩的粮食上。同时，只要政府继续维持农产品的高价，则需要买入的粮食越来越多，直至财政不堪重负。可见，只要干预市场价格，使之背离均衡价格，都一定会对经济造成负面影响，所以新古典经济学派认为，对价格最好的管理就是不要管理。

正是根据这样的论断，我国学人也认为，我国政府应该尽可能减少对市场价格的干预，让市场机制充分发挥作用。实际情况却并非如此。我国的价格不仅不能不管，而且往往非管不可。这不是新古典学派的逻辑出了问题，而是我国的价格与他们的价格有根本不同，所以不能简单地套用他们的论断。明嘉靖的"改稻为桑"时的稻田价格就是个证明，因为稻田价格的下跌不为正常的市场力量所决定，而为贪官污吏的"毁堤淹田"所造成。听任这样的价格发挥作用，则会帮助少数贪官污吏对中小土地所有者的野蛮掠夺，造成土地资源的不合理配置。在这种情况下，只有官府的干预才有希望最大限度地纠正市场的局限，阻止贪官污吏阴谋得逞。在这种情况下，坚持不干预的经济学论断，则一定会酿成经济，甚至是政治的紊乱。尽管像"毁堤淹田"这样无耻扭曲价格的案例在我们生活并不多见，但由于其他原因造成价格扭曲的情况却几乎屡见不鲜。所以只有消除扭曲价格的力量，使得价格真正为市场力量所决定，这才能像新古典学派所说的那样，政府实行不干预价格政策，而在价格机制没有理顺以前，那就非干预不可了。

正是在这个意义上，我国管理层不仅要干预汇率与利率，而且非要强化对这两者的干预不可，因为我国决定这两者背后的变量还远远没有理顺。尽管，我国目前大多数商品的价格都已经放开，但是，放开的价格并未完全为市场力量所决定，因为，我国劳动力价格偏低，能源价格扭曲，环境成本没有充分表现出来，这就造成我国出口商品价格偏低，国际收支持续顺差，人民币升值的压力很大，这样的汇率决定肯定不同于新古典学派认定的价格，如果听任这样的市场机制决定汇率，则一定会成我国经济运行的紊乱。不仅于此，国际收支持续顺差，人民币一定投放过多，市场利率就有下降的压力，这就会加剧经济过热，所以央行一定要进行干

预。政府干预的结果造成利率的非市场化，这又反过来，使得商品的价格背离新古典经济学派所假定的价格。这样的价格既不能充分地反映市场的供求，也不能有效地调节资源配置，对这种价格的干预就是在违背新古典经济学的不干预论断的地方，再度找到并恪守不干预的精神。

国内学人比较偏好以既定的价格为前提，然后把模型工具用得出神入化，也就是在把我们的价格看作人家的价格的基础上，运用人家的理论，得出与我国经济运行相去甚远的结论，这正是我们常常大呼中国经济看不懂的一个重要原因。实际上，因为我国价格远非外国理论所认定的价格，甚至在我国劳动力、能源和环境等价格没有调整到位之前，所有放开的商品价格都与外国的价格不是一回事，如此前提的失之毫厘，难免使有关论断谬之千里。在这个意义上，研究有关价格的前端即决定价格的机制，甚至要远比研究价格的后端即各种模型要重要得多。

打针　　　　（邝野　绘）